運もキレイも引き寄せる パワフル開運術

面白いほど幸運がやってくる！
ハッピー＆ビューティーの法則

西原愛香
Aika Nishihara

廣済堂出版

はじめに

この本を手に取ってくださり、ありがとうございます。

恋愛引き寄せアドバイザーの西原愛香です。

私は現在、全国の人たちに、セミナーやオンラインを通じて「書いて叶える」引き寄せをお伝えしています。

私のもとに続々と届く幸せ報告を嬉しく拝見していると、「引き寄せって誰にでもできる開運術だな」と思います。

6年前に起業した当初は、毎月50~60人の方とセッションをしていました。

リピーターさんたちも多く、半年から1年くらい、毎月1回お会いしてお話を聞いていたんです。

するとだんだん彼女たちが変わっていくのが分かりました。

まず最初に、見た目がどんどんきれいになる。

そして、願いを叶えていく。

この2つの現象がなぜかセットでやってくるのです。


なぜこんなことが起こるんだろう。

答えのヒントは、私が提唱する引き寄せの実践にありました。


引き寄せの実践とは、自分を知り、自分の本音に沿って生きることを指します。

自分と向き合い、自分を大切にすることを日々やっていくと、「私が私を幸せにする」という自覚が芽生え、自分に自信が持てるんですね。

その自信が表情に表れます。そして雰囲気とかオーラという、どこがどうとは言えないけれど「何か変わったね」と言われるような外側の変化が、必ず全員に見られました。

さらに、ファッションの雰囲気が明るくなったり、自分に似合う髪型やメイクになっていったりと、どんどんきれいになっていくのです。

見た目にきれいな人はたくさんいますが、楽しそう、幸せそうという雰囲気は、もうそれだけで圧倒的に魅力的で、人を惹きつけるものだと思います。

面白いことに、自分を大切にできるようになると、自分を大事にしてくれる人が集まってきます。その結果、願いが叶う、つまり運が良くなっていくんです。

「運とは何か」について、いろいろな人がいろいろなことを言っています。

私が考える究極の運は「人間関係」です。

足がついていないものは、全て他人が連れてきてくれるもの。

例えば、お金やチャンスには足がついていないから、他人が自分のところに連れてきてくれるのです。

だから誰と関わるかで、自分のところに来るものが本当に変わるのです。

きれいと開運を両方手にするなんて、決して難しくないんですよ。

パワースポットめぐりやグッズなど、いろいろな開運術がありますが、私がお伝えしたいのは、もっと簡単で効果がある方法です。

すなわち**「自分をとことん大切にすることを積み重ねていく」**だけなのです。

この本では、私の引き寄せメソッドをふんだんに盛り込んだ「運が良くなる方法」を分かりやすく書いていきます。

自分を大切にするとはどういうことか、どうしたら大切にできるのか。

人間関係の整え方や、生活の仕方まで詳しくお伝えします。

あなたが知りたい金運についても、別途章を設けて解説しました。

運勢の上下を乗りこなす方法や、どうしても開運できない人に向けて最強・最新のオーダーノートの書き方も伝授します！

どうぞ最初から最後までお読みいただき、今日からあなたも「運が良くてきれいな人」になってくださいね♡

運もキレイも
引き寄せる
パワフル開運術

Contents

はじめに 003

Chapter 1

自分を大切にすると運が良くなる！ きれいになる！

「他力」こそ最強！ 018
自分を大切にするから、大切にされる 019
自分を大切にする3つの方法 021
第三者の視点で自分をいたわってみよう 023
あなたの波動を変えれば、幸運が舞い込む 025
ピンチのときは、いい波動に戻す 026
自信は20%あれば十分 029
「自信があるように見せる」と運が開く 030
誰かになろうとするより、自分自身でいよう 034

他人の機嫌は取らなくてもいい 036
自分のゾーンと他人のゾーンを明確にする 039
誰の影響を受けるかを決める 043
ネガティブな波動をブロックする方法 044
苦手な人は、ただの「通りすがり」 047
運の良い人には良いことが続き、運の悪い人には悪いことが続く理由 048
夢を語れる人たちの中に身を置いてみる 052

Chapter 2
ハッピーなことがたくさん起こる暮らし方

衣食住を丁寧にすると、運が良くなる 056
ルームウェアにこだわってみる 058

3 愛がお金を生み、お金が愛を生む

「開運するぞ♡」と思ってお掃除してみよう 060

ずっと「お得感」が続くものを選ぶ 062

白いところを白くすると、恋愛力が上がる 064

髪は運気のいい人に切ってもらう 065

日常的にちょっとした贈り物をすると、運気が上がる 068

「お得貯金」で使った運を貯め直す 069

やっぱり感謝の気持ちは開運の要《かなめ》！ 070

感謝の気持ちを取り戻す「2冊のノート」 072

気分を上げる「マイ・ルーティン・ノート」 078

Chapter

節約するほど、お金が貯まらない理由　084
「お金が大好き♡」と言ってみよう　086
効果絶大！　お金と両想いになる3点セット　088
お金の価値観を知るためのノート　091
お金持ちになれるお財布の選び方・使い方　094
お金持ちは「なんとなく買い」をしない　098
いただいたお金で自分を成長させていく方法　101
気持ちよく払うと、気持ちよく受け取れる　103
「投資」と「浪費」を見極める　105
絶対に豊かさを得られるお金の使い方　107
お金は「愛の結果」である　110
感謝を込めて、お金を送り出す　112

Chapter 4

バイオリズムを知り、人生を快適に乗りこなすコツ

バイオリズムに沿って動けば、自動的に運が良くなる 118
あなたの今の運気を把握しよう 119
必読！ バイオリズムに沿った開運行動 122
「無意識のサポート」をうまく使う 129
不安になったらこの言葉をつぶやこう！ 131
常に良い方向に導かれていると信じる 135

5

それでも、なかなか運が良くならないという人へ

ワクワクしない願いも、実は叶う 140

Chapter

「何かが手に入れば幸せ」って思っていない？ 142
月に2回は「強制休暇」を取ろう 144
「私が楽しむこと」をスケジュールにするノート 146
1回でうまくいくと思うなよ（笑） 149
「私はもっともっと受け取っていい」と思う 152
年齢なんて関係なく、今からでも開運していける 153
あなたがノートを書いても引き寄せられなかった理由 157
幸運を引き寄せる「愛香流・未来先取り行動ノート」 160
「他人軸」と「自分軸」の見極め方 165
あなたの幸せはまわりのみんなも願っている 166
おわりに 167

Chapter 1

自分を大切にすると
運が良くなる！
きれいになる！

「他力」こそ最強！

第1章では、開運の基礎となるマインドの作り方についてお伝えします。

このマインドができていないと開運術を試しても効果があまり期待できないので、ぜひ何度も読んで自分のものにしていただきたいと思います。

たくさんの女性を見てきて思うのは、頑張り屋さんに限ってなぜか運が悪いということです。

その理由は、自分ではできない部分まで自分でやろうとしている、自分だけで全てを頑張ろうとしているから。

しっかりしなきゃと思っている人ほど、せっかくの努力が空回りしてしまうんですよね。

私も以前はそうだったから分かります。

仕事も恋愛も、できないことや苦手なことはどんどん得意な人にお願いしたり、頼ったりできるようになると、そこからご縁も広がっていきます。

「他力」になるほどうまくいくのです。

他力こそ最強だし、他力を使えるようになることが運を開くコツであると言っても過言ではありません。

だから、この本でも運の正体を「人間関係」と定義しているんですよ。

自分を大切にするから、大切にされる

では、どうしたら他力を使えるようになるのでしょうか。

答えを出す前に、一度あなたの現状を振り返っていただきたいのです。

あなたは友だちに気をつかって、行きたくもない女子会に参加していませんか？

恋愛でも、彼に遠慮したりガマンしたり、一生懸命彼に好かれようと頑張っていませんか？

もしこんな状態にいるなら、あまりいいことが起こらないし、幸せ度もかなり低い

のではないでしょうか。

原因は、**あなたが他人を優先させて自分を大切にできていないから**。

「運を良くすること」と「自分を大切にすること」は、実は深く関わっています。

自分を大切にできるようになると、自分を大切にしてくれる人たちが集まってきます。というより、自分を大切にしてくれない人に惹かれなくなります。

その結果、あなたを大切にしてくれる人たちが残り、あなたのもとにせっせといい話を持ってきてくれるんですよ。そう、これが「他力」です。

さらにいいこともありますよ！

自分を大切にすると内面が満たされるので、表情が柔らかくなったり、気持ちに余裕が出て、ファッションやメイクを楽しむことができるようになります。つまり、どんどんきれいになっていくんですね。

自分を大切にすると、身も心も、全体がハッピーになる。

あなたが目指すのはここです。

自分を大切にする3つの方法

開運のベースは「自分を大切にすること」にあります。

でも、これまで他人ファーストで生きてきた人には、「自分を大切にする」ことがよく分からないかもしれません。

ここで紹介する3つの方法を実践し、自分を大切にする実感を積んでいきましょう。

① 自分で決める

恋愛相談が最たる例ですが、いつも誰かに何かを決めてもらっていませんか？

そういう人は、**相談することをやめて何事も自分で決めるクセ**をつけてください。

ランチやお茶で注文するときも「みんなと同じ」ではなくて、自分の注文は自分で決める。そんな身近なところから自分で決める練習をしていきましょう！

②本音で選択する

ささいなことでも、自分の本音に従って決めてみましょう。

例えば、あなたはトイレットペーパーをどういう基準で選んでいますか？

いつも使っているメーカーだから、安いからなど、場当たり的な理由ではなく、自分のためにどれがいいのか、ダブルかそれともシングルか……。本気で考えてくださいね。

③違和感があるものを手放していく

話が合わなくなった友だちと、昔からの付き合いだからという理由で会い続けていませんか？

そういうことをしているとあなた自身の気持ちが下がり、雰囲気が淀《よど》み、運が下がっていきます。

「気が進まないなあ」、「これじゃないなあ」という違和感に敏感になり、違うと思っ

たことを手放していきましょう。

この3つを完璧にやろうとすると難しいかもしれません。

選択権を相手に譲らなければいけなかったり、どうしても付き合いで行かなければいけなかったりという場面もあるでしょう。

その場合は、心の中で実践すればOKです！　ゲーム感覚で楽しみながら続けてくださいね。

第三者の視点で自分をいたわってみよう

「もっと頑張れるはず！」、「これができない私ってダメだなあ……」など、私たちはずいぶんと自分に厳しく接しています。

「第三者の視点」で自分を見てあげると、もっと自分をいたわれるようになります。

第三者の視点とは、「私がこれをする」という主観的な視点よりも、「私にこれをさせてあげる」という客観的な視点です。

食事をするなら栄養価を考えておいしいものを食べさせてあげようとか、疲れていたら早く寝かせてあげよう、気分転換に旅行に行かせてあげようなど、自分に対してもっと愛情をかけられるようになります。

大切なパートナーや、かわいいペットに対する気持ちのように、自分自身のことも大切にできるんですね。

自分を知れば知るほど愛《いと》おしくなるし、もっと良くしてあげたいと思います。

気乗りのしない付き合いに時間を割いたり、振り向いてくれない人に一生懸命尽くしていたりするときは、「大切な自分にどうさせてあげたいか」という目線を思い出してください。

自分を大切にする3つの方法と第三者の視点を実践していくと、マインドが変わり、自分をもっと大切にできるようになります。

すると、スキンケアを丁寧にするようになったり、自分を魅力的に見せるメイクやファッションにチャレンジしたくなるなど、見た目もどんどん変わっていきます。

あなたの波動を変えれば、幸運が舞い込む

さらに、「自分を大切にする」ことと「開運」の繋がりについて説明しましょう。

少しスピリチュアル的な内容になりますが、重要なお話なのでぜひ読み進めてくださいね。

私たちの全身の細胞は「素粒子」という粒でできています。素粒子とは物質を構成する最小単位のことで、人間だけでなく、動物や植物、さらには椅子や机、電車や車なども、素粒子がたくさん集まってできています。

この素粒子は常に振動を持って動いていて、その振動を「波動（＝エネルギー）」と言います。

自分が発した波動と同じ波動の出来事が起こる現象が「引き寄せの法則」。

楽しい波動を出し続けていれば楽しいことが、安心の波動を出し続けていれば安心する出来事が起こります。

あなたが自分を大切にするようになると、不安やイライラといった波動から、安心や心地よさの波動に変わります。

すると、安心できることや楽しい出来事が現実に現れてくるというわけです。

物事だけでなく、人間も似た波動の人同士が惹かれ合います。

あなたの波動が変われば、あなたのまわりに集まってくる人たちも変わります。

その結果、人間関係が良くなり、あなたにいいことが続くというわけです。

ピンチのときは、いい波動に戻す

波動をいい状態に保つことは、開運に重要なポイントです。

前述したとおり、自分の波動と同じものが引き寄せられるからです。

ただ、「波の動き」と書いて「波動」と読むように、私たちはいい気分でいるときもあれば、落ち込むこともあります。ワクワクしたりイライラしたりと、波のように常に揺れ動いているんですよね。

もし落ち込んだり悩んだりしているときは、トラブルを解決しようと頑張るよりも、先に自分をいい波動に戻してあげましょう。そのほうが早く事態が改善します。

いい波動に戻す方法は、簡単です！

ネガティブな思考が続いているなと気づいたら、楽しいことや気分の上がることを考えてください。

無理やりポジティブになる必要はないですが、時間があれば悩みごとをするクセがついている人は、少しずつ意識をコントロールしてあげましょう。

例えば、最近の私の場合、落ち込むことがあったら、YouTubeを配信するためのお部屋のインテリアのことを考えています。

何色のソファを置こうかな、机はどれにしようかな……などと考えているうちに、悩んでいることなんて忘れています。

恋愛中の人がなかなか彼と会えないとか、連絡が返ってこないというとき、「嫌われたのかも」とか「彼は浮気しているのではないか」なんてネガティブなほうにばかり意識が向きがちですよね。

そこを、次に彼とデートするときはこんな服を着たいから探しに行こうとか、メイクを変えて驚かせたいからコスメカウンターに行ってみようとか、楽しいことに意識を向けてみましょう。

自分が今、どんなことを考えているのか、どんな気分でいるのかを把握するために必要なのが、23ページで説明した「第三者の視点」です。

第三者の視点で自分を見られるようになればなるほど、自分を大切にできるし、波動のメンテナンスも上手になっていきますよ。

自信は20%あれば十分

自分を大切にできるようになると、自信がわいてきます。

私にとっての自信とは、**「自分と自分の未来を信じる力」**です。

多くの人は「自分は素晴らしい！」と信じることが自信だと思っているのですが、ちょっと違うんですよね。

これから先も、私は私を幸せにできる。

そういう自信を持てるようになってからは、私は何が起きてもポジティブにとらえられるようになり、たとえ精神的・経済的に打撃を被るような出来事があったとしても後に必ず好転するようになりました。

だから、自信を持つことは運を開くことに繋がりますし、すごく大事だと思っています。

自信についての思い込みとしてもうひとつ、「自信は１００％でなければいけない

（あるべきだ）」があります。

でも実際のところ、**自信の割合って20%から30%くらい**ではないでしょうか。

その上に安心感や充実感というのが積み重なっていけるんです。

でも、この20%から30%の自信の下支えがないと底が抜けたようになって、「何があっても自分は大丈夫」という感覚が持てません。

だから、なかなか新しいことにチャレンジできないんですね。

また、空いているスペースを埋めるために「友だちがたくさんほしい!!」「趣味を持たなきゃ!!」「早く結婚したい!!」「資格を取らなきゃ!!」と一生懸命自分に何かをプラスしようとします。

でもそれは本当の自信ではないので、いつも満たされない思いがつきまとうんですよね。

「自信があるように見せる」と運が開く

よく「根拠のない自信を持ちましょう」という言葉を耳にします。

自信アリ

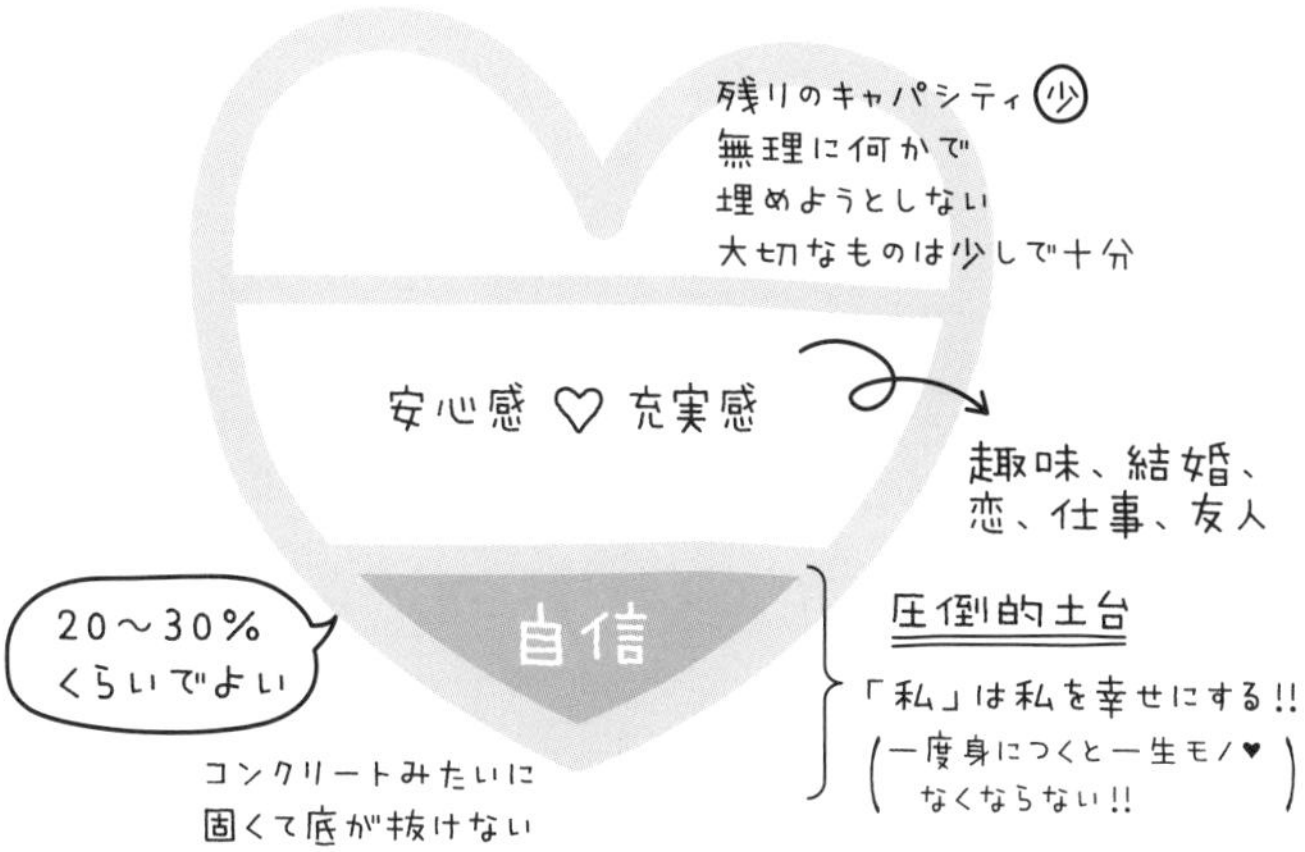
残りのキャパシティ 少
無理に何かで
埋めようとしない
大切なものは少しで十分
安心感 ♡ 充実感
趣味、結婚、
恋、仕事、友人
自信
20〜30%
くらいでよい
圧倒的土台
「私」は私を幸せにする!!
(一度身につくと一生モノ♥
なくならない!!)
コンクリートみたいに
固くて底が抜けない

自信ナシ

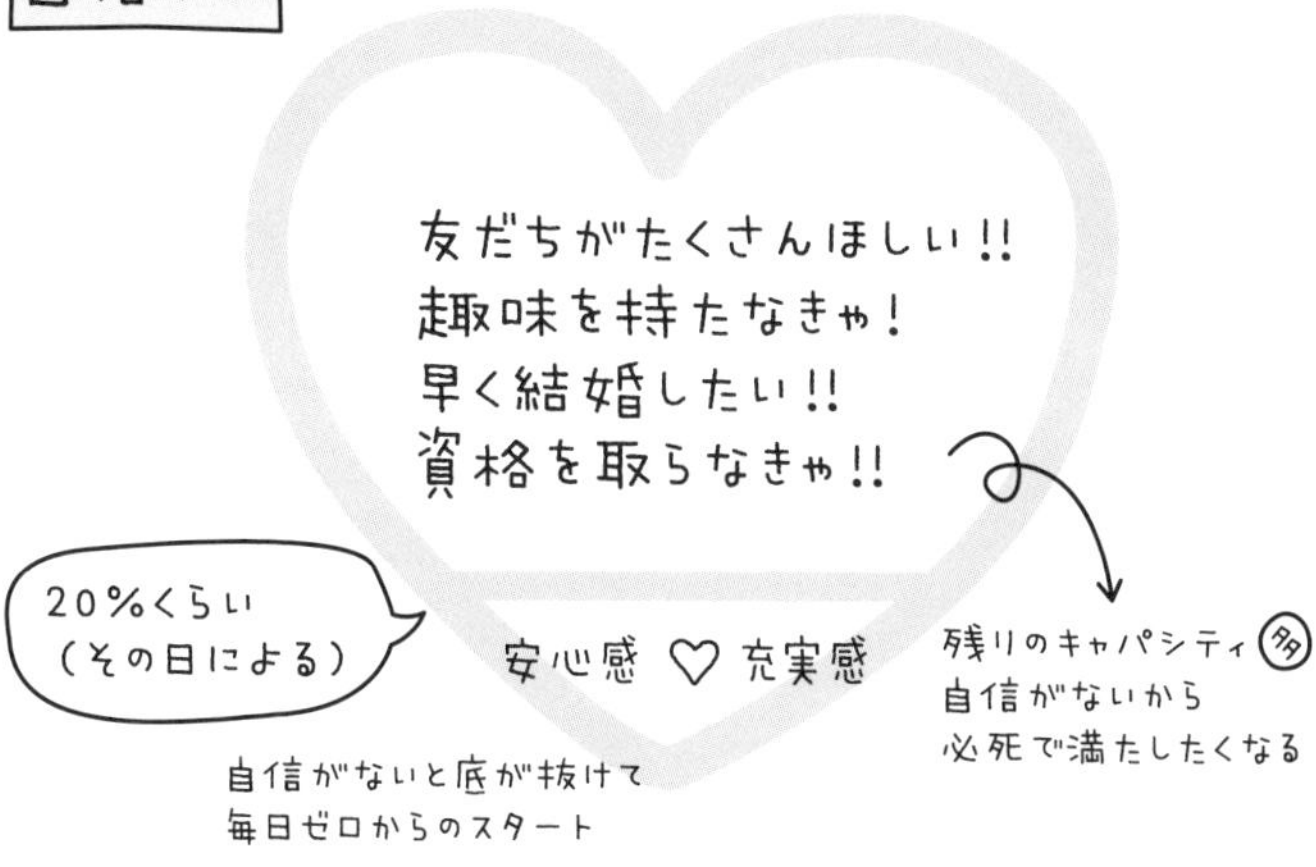
友だちがたくさんほしい!!
趣味を持たなきゃ!
早く結婚したい!!
資格を取らなきゃ!!
安心感 ♡ 充実感
20%くらい
(その日による)
残りのキャパシティ 多
自信がないから
必死で満たしたくなる
自信がないと底が抜けて
毎日ゼロからのスタート

私もかつてそのように言われ、「根拠のない自信って何？」「どうやって持つの？」と思っていました。

経験が少ないときは、自信を持てと言われてもやっぱり難しいですよね。

そこで大事なのが、**「自信があるように見せること」**だと思うのです。

私の実体験で説明しましょう。

２０１５年の４月、当時まだ会社勤めをしていた私は、副業としてお料理の教室を始めました。

初めてレッスンをするので、当時はもちろん自信がありませんでした。

でも、先生という立場にある私が自信なさそうにしていたら、生徒さんたちはどう思うでしょうか。

そこで、「私は先生としての経験はまだないけれど、私が伝えている内容はとても素晴らしいことだ」というところに自信を持つことにしました。

その結果、堂々とレッスンをやり遂げることができたのです。

本の出版が決まったのも「自信があるように見せる」工夫からでした。

実は当初、ブログの閲覧者数がなかなか伸びなくて、出版がずっと延期になっていました。

私に著者になる自信がなかったから、ブログを読んでくれる人たちと同じ目線で文章を書いていたんですね。

しかし、「それでは読者さんたちが、愛香さんを先生として見ることができないし、ついて行きたいと思えませんよね」と、編集者さんからアドバイスがありました。

さっそく「私が引き寄せについて教えます！」という自信のある書き方に変えたら、突然アクセスが急伸したのです。後日、すぐに出版の話が動き出しました。

高級なお店に行くと、そこで働いているスタッフさんたちひとりひとりの立ち居振る舞いに静かな自信が感じられます。そのブランドの一員であることにプライドがあるのでしょうね。

そんな人に接客をしてもらうと、嬉しいし、贅沢《ぜいたく》な気分になりませんか？　**自信のある立ち居振る舞いに、私たちは惹きつけられてしまうのです。**

仕事だけではなく、恋だって、常に今が本番です。

彼とのデートが始まったら、もうステージに上がっている状態です。直前まで弱音を吐いていたとしても、相手の前に立ったら真剣勝負。

そこであなたが自信のある立ち居振る舞いができるかどうかにかかってくるんです。

誰かになろうとするより、自分自身でいよう

自信を感じさせる振る舞いは、外見から作っていくこともできます。

まずは自分が相手にどう見せたいか、どんな存在でありたいかを考えてみましょう。

恋愛や婚活の場面で柔らかい雰囲気の女性に見られたいなら、髪を巻いたり、ワンピースを着てみたり。

仕事で芯《しん》のある女性に見せたいなら、パンツスタイルや、ヒールを履いてちょっと強い面を演出するのも良いでしょう。

「なりたい自分にならせてあげる」という感覚で、ファッションやメイクを楽しめるようになると、ますます自分が好きになります。

どんな自分でありたいかは、最初は憧れのタレントさんやモデルさんをイメージしてもＯＫです。

いきなり自分らしさなんて分からないですから、いろいろ試してみて、取捨選択していきましょう。

そこからだんだん自分に似合うものや自分が好きなものを残していき、最後はオリジナルの自分を目指してほしいのです。

誰かになろうとしていると、その人以上の自分にはなれないんですよね。

誰かに影響を受けるのはいいことですが、そこから自分らしさを見つけていく作業を通して本当の自信が育《はぐく》まれると思います。

ある意味、等身大の自分を見つめていくことになりますが、それは避けては通れない道です。

最高の自分を目指していきましょう！

他人の機嫌は取らなくてもいい

ここからは、開運に繋がる人間関係について解説していきますね。

人間関係に疲れている人はきっと気持ちがラクになるはずです。

私が主宰するセミナーやオンラインサロンに参加してくださる人のお話を聞いていると「人に嫌われたくない」、「人からどう思われるのかが気になる」という声が多くあがります。

私もかつてはそうでした。もし誰かに嫌われたとしたら、嫌われた自分に何かしらの原因があると思い込んでいたからです。

他人に強く言われると自分を責めたり、自信をなくしてしまっていました。

お付き合いしていた彼にフラれたときも、自分が悪かったのだと思って、全てを自分のせいにしてきました。

しかし自分で自分の想いを発信するようになって分かったことがあります。

言葉の真意を勝手に悪くとらえる人もいて、私にはどうすることもできないんです。

つまり、とらえ方は人それぞれなんですよね。

問題とは「問題を感じた人が気になっていること」です。

つまり、嫌われた人に問題があるのではなくて、「嫌い」と思う人の中に、相手への要求や「こうあるべき」と信じている固定観念があるのです。

例えば、「メールは早く返すべき」と思っている人は、なかなか返事をしない人に対して「嫌な人だな」と思うでしょう。

このように、それぞれ個人の中にある固定観念が、誰かを好きになったり嫌いになったりさせるのです。

そう気づいたら、他人を変えたいと思う気持ちや、他人に好かれようと頑張る気持ちもいつの間にか手放せていました。頑張って好かれようとするのも、もうやめました。

みんなそれぞれに、自分の信じていることや大事にしていることがある。

誰が正しいとか、偉いとかはない。

人を好きになるのも嫌いになるのも、それぞれの感覚次第です。

そして、ひとりひとりの成長とともに、ご縁だって移り変わります。

付き合ってもらうために無理をしたり背伸びをしなければならない相手より、自分のままでいたときに「好き」と言ってくれる人といるほうが、ずっと楽しいです。

心地よいと思える人たちとだけ過ごすようにしたら、友だちは減ってしまいましたが、幸福感はアップしました。まわりにいる人たちが持ってきてくれる話にはなるべく乗るようにすると、いい出会いに恵まれ、ビジネスも発展しています。

このように、他人に好かれようとしなくなったら運が開けてきましたし、幸せオーラにも繋がることを実感しています。


相手がどう思うか、感じるかを自分で勝手に考えて、相手にいい顔をするのはやめましょう。何を思おうと感じようと、その人が決めることなのですから。

心地よい出会いを増やしていくには、ちゃんと「自分」を出して、「自分」に合わないものに対して無理に合わせようとしないこと。

大事なのは、誰かを喜ばせるよりもあなた自身に喜ばれる生き方をしていくことですから。

自分のゾーンと他人のゾーンを明確にする

他人の機嫌を取らなくていいと分かっていても、恋愛をしているときに彼からメールの返事がなかったら「私が何かしちゃったのかな？」と気になるものですよね。

そういうときは、自分のゾーンと相手のゾーンを明確にしてみましょう。

先ほどの例で言うと、「彼が好き」「彼にメールを送りたいから送った」というのは、自分のゾーンです。

でもメールを返すか返さないかは、彼のゾーンなんですよね。

それなのに「ちゃんと読んでくれたのかな」、「どうして返事が返ってこないんだろう」、「もう嫌われちゃったのかな」などと、いろいろ気にしても仕方がないんです。

相手のゾーンにあることは、相手にお任せしましょう。

それよりも大事なことは、自分がどうしたいのかです。

もう少し相手のことを待つのか、次に進むのか。考えるべきは自分のゾーンにあることです。

彼にもっとかまってほしいと思うのはあなたの自由。かまうかどうかは、彼の自由。

相手のゾーン
?
!
自分のゾーン

何か提案をしたいなら、そこは自分のゾーンだから提案してもいいけれど、その提案をどう受けるかは彼の問題です。

自分のゾーンと相手のゾーンを混同していると、悩みが尽きません。

逆に自分と相手のゾーンを明確にしておけば、他人の気持ちや、どう思われているかが気にならなくなります。

私もこの考え方を知ってからは、とてもラクになりました。

もし相手が何かに怒っていたとしても、それは相手のゾーンにあることです。

自分が何かしてしまったらすぐに謝るべきですが、それ以上は相手に任せておきましょう。

自分と他人のゾーンを分けると、相手から悪い影響を受け取らなくてすみ、運が下がることもありません。

誰の影響を受けるかを決める

怒っていたり、イライラしていたりする人のそばにいると、なんとなく自分の気持ちもザワついてきたという経験はありませんか？

あるいは、ネガティブな言葉をたくさん聞かされると、なんとなく自分も気分が落ち込んだことはないでしょうか？

私たちは近くにいる人の影響をすごく受けているんですよね。

なぜなら、そばにいる人の波動に、自分の波動が刺激されるからです。

せっかくきれいな状態に保っていた波動が乱れてしまうこともあるし、逆に乱れていた波動が整っていく場合もあります。

どうせだったら、自分の波動をきれいにしてくれる人の影響を受けたいですよね。

だから、**自分で誰の影響を受けるのかを決めてしまいましょう。**

私のまわりにも、何人か波動のきれいな**「波動美人」**な女性がいます。会うと元気をもらえますし、不思議とパワーがわいてくるんです。

彼女たちに定期的に会って充電をして、家族やサロンのメンバーさん、セミナーの受講生さん、書籍やブログの読者さんたちに、できるだけいいものを届けたいと思っています。

自分の波動がいい状態に保てるようになると、ヘンな人と出会わなくなるし、嫌な人もまわりにいなくなりますよ！

ネガティブな波動をブロックする方法

不機嫌な人や、やたらと圧力が強くて怖い人など、影響を受けたくない人の波動をブロックする方法もお伝えしましょう。

①「この人からの影響は受けない」と心の中で決める

心の中で決めるだけでOKです。それだけで相手の話によって感情が乱されることが少なくなります。

②見えないバリアを張る

何か嫌なことを言われているなと思ったら、自分のまわりに見えないバリアを張り、相手の言葉がはね返っていく様子をイメージするといいでしょう。

さらに何か意地悪なことを言われているなと思ったら、返事はしつつも頭の中では別の楽しいことを考えていましょう。

この週末何をしようかなとか、今度のデートに何を着ていこうかなとか、ワクワクするようなことならなんでも大丈夫です。

③リアクションに心を込めない、同調しない

ときどき、「私だけまわりの人たちのグチをいつも聞かされるんです」と言う人がいます。

それは多分、「この人はちゃんと聞いてくれる、受け取ってくれる」と相手に思われているからです。そのこと自体は悪いことではなく、やさしさや共感力の高さの証拠でもあります。

でもそれが自分にとってツラいなら、リアクションに心を込めるのをやめましょう。

「私は受け取りません」ということを相手にも感じてもらったほうがいいのです。

好かれなくてもいい人にまで好かれようといい顔をしていると、他人のネガティブなものまでたくさんもらってしまいますよ。

誰かに嫌な気分にされてうんざりしていても、その相手と自分が同じ波動になってしまうことに気づく人はあまりいません。

その人の意見に対して、納得しているように見せようとすればするほど、同じ波動になっていきます。

最終的には口グセやしぐさまでがうつったりすることもあります。

できるだけ関わらないのがベストですが、そうはできないという人は、**「この人の**

影響は受けない」と心に強く持っておくのがいいでしょう。

誰の影響を受けるのか、受けないのかを自分で決めることは本当に大切です。

そして受け取りたい波動の人と、なるべく関わる時間を増やしていきましょう。

苦手な人は、ただの「通りすがり」

先日読んだ本に、

「会わない、連絡を取らない、考えない。この3つを意識していると、その相手は存在していないのと同じ」

と書いてありました。なるほどなと思いませんか？

嫌な人や苦手な人のことがいつも頭の中にあるということは、その人が自分の世界において主役級の登場人物となっているんです。

でも、**あなたの中の世界に住む登場人物はあなたが選べます。**

直接接していない時間であれば、その人のことはどんどん脇役に追いやってしまいましょう。

その代わりに大好きな彼や、旦那さん、尊敬する上司、友だちなど、もっと必要な人物をメインの登場人物として入れ替えていくのです。

状況は同じでも、どこにフォーカスするかで自分の気分も変わります。

人間関係で悩んでいるなら、ぜひあなたの世界の登場人物の入れ替えを行ってみてください。行く先々で人間関係に悩んでいた私も、今ではほとんど悩まなくなりましたよ。

運の良い人には良いことが続き、運の悪い人には悪いことが続く理由

以前セッションを受けてくれたAさんは、いいことがあると、次は絶対に悪いことがあると信じていました。すると、やっぱりいい出来事があった後に、すぐに悪い出来事が起こっていました。

Aさんはほかにも「私は恋愛だけがうまくいかない」、「私は強引な男性が好き」など、独特の思い込みを持っていました。

そこで私はAさんに、今信じていることとこれから信じたいことをノートに別々に書き出してもらい、

「全てにおいて信じたいほうの選択をしてくださいね」

とお願いしました。

Aさんは、「恋愛がうまくいかない」と信じている。けれど「恋愛なんて簡単だ」と信じたい。

また、「オラオラ系の男性が好き」と信じている。でも信じたいのは「安心感のある恋愛をすること」。

こんなふうに自分が信じたいことを明確にしたところ、Aさんは今まで恋愛対象外だった身近な男性が恋愛対象になっていったのです。

その結果、心穏やかな同僚男性と結婚前提でお付き合いを始めました。この間、たったの2ヶ月です！

もうお分かりでしょう。

結局は、**自分は何を信じているのかということだけ**なんですよ。

信じていることが現実になっていくので、「自分は運がいい」と思っている人には運の良いことが続くし、「自分は運が悪い」と思っている人には運の悪いことが続きます。

もしあなたも**「自分には悪いことが続く」と思っているなら、自分がそう信じているのだと気づいてください。**そして「信じたいことは何？」と変換してあげるだけで、現実が変わっていきますよ。

かく言う私も、以前はそうでした。「運が悪い私」を信じていたんです。

しかし、あるときから「私は運がいい」と信じることにしたら、実際に嫌がらせをしてくるような人と知り合うことがなくなって、楽しいことが続くようになりました。

仕事でも、ぜひ出てみたい雑誌のオファーがきて喜んでいたら、すぐに別の本のオ

信じたいことを信じるノート

信じていること ♡ → 信じたいこと ♡

- 私は男性に甘えるのが苦手だ。→ 私は男性にとても自然に頼ったり、甘えることができる
- 結婚すると相手のイヤな所がたくさん見えてくる。キライになる。→ 相性の良い夫婦は、2人で支え合い、いつも笑顔で幸せそう ♡ 私もそうなれる!!
- お買い物で失敗しやすい。貯金がなかなかできない!! → 私は本当に必要なものをきちんと見極めて購入できる。毎月少しでも決まった金額を貯金用通帳に移せている ♡
- 私はいつもダイエットに失敗する。根性がない (>_<) → 楽しく継続できるダイエットに出会えば、きっといつの間にかキレイになれちゃう

今のあなたが実際に信じていることと、信じたいと思っていることを並べて書いてみましょう。信じたいことを書くときには、言い切る言葉を使うことや軽やかな言葉で書くことを意識してみましょう。

ファーが届いたり……。

いいことの後にはいいことが続くと信じるようになってから、実際にそうなっていきました。

夢を語れる人たちの中に身を置いてみる

この章の最後に、改めて「誰と付き合うかが大事」というお話をしますね。

開運ができていない人ほど、妥協した人間関係や心地よくない人間関係にしがみついています。

私の持論は、**「人間関係も成長していくもの」**という考え方です。

私自身、人生の変化、例えば結婚、出産、起業といった大きな変化に合わせて、人付き合いが大きく変わっていきました。

昔からの仲良しといった安定的な人間関係の中に身を置き続けると、意外と夢が叶っていかないように思います。安心する仲でも、いつもグチを言い合ってストレスを解消しているような関係が続いていくと、お互いに堕《お》ちていくような気がするんですよね。

それよりも、ポジティブな未来の話ができる人たち、夢を語れる人たちと多くの時間を過ごしたい。人間関係を選べるなら、尊敬できる人、私がしたいことを形にしている人たちと関わりたい。

今はそう思っていますし、実際にそうするようになってから、夢が叶うスピードがどんどん加速していきました。

オンラインサロンを立ち上げた理由も、夢を語れる場所が作りたかったから。

願いって、例えば今日これを食べたい、明日は彼と連絡が取りたいなど、どんなに小さな想いであっても、どんどん語り合ったほうが叶いやすくなるものです。

だから、遠慮なく夢を語れる場所が作りたいと思い、オンラインサロンのテーマを「幸せの連鎖~リンク・オブ・ハピネス」としています。

すると、「恋はお休みして今は仕事を頑張っています」とか、「資格を取るための勉強に打ち込んでいます」など、夢に挑戦している人たちが集まってきました。そして、次々と夢を叶えていく姿を身近に感じている日々です。

あなたも意識的に夢を語れる人たちの輪に入っていってください。

人って刺激を受ければ受けるほど成長していくものだし、ポジティブな幸せの波動は、連鎖していくものだからです。

Chapter 2

ハッピーなことがたくさん起こる暮らし方

衣食住を丁寧にすると、運が良くなる

この本を書くにあたり、私のまわりで幸福度が高そうな女性を観察したところ、大きな共通点がありました。

それは、日常のささいな選択を自分のために丁寧に行い、衣食住を楽しんでいること。

反対に「運が悪い」、「ツイてない」と言う人の話を聞いてみると、日々の生活を疎《おろそ》かにしているなと感じることが多かったです。

そこで第2章では運を良くするための日々の暮らし方についてお伝えしていきます。

毎日の生活の中で心地よさを追求していくと、自分のことを大切にしているという実感を積むことができ、嬉しい出来事がたくさん舞い込んできますよ。

「運気を変える近道は生活を変えること」。

この意外な事実に気づいたのは、ダイエットの目的で行ったお料理教室で、食べ物

の選び方や、食生活を整えることを学んだことがきっかけでした。

以前は、ずっと泣く恋愛ばっかりを繰り返していた私。恋愛下手を卒業するためにメンタルについていろいろ学んだりしていましたが、あまり効果を実感することができませんでした。

それなのに、お料理教室で教えてもらったことを実践していたら、ダイエットの効果だけでなく私の気持ちが安定し、恋愛がうまくいくようになったのです！

メンタルだけを改善しようとすると、意外と時間がかかるものです。

一方、発酵食品を多めに摂《と》るとか、甘いものを減らしていくなど、食事を変えることは簡単にできるし、気持ちを整える効果も得やすいんですね。

このように、メンタル面へのアプローチを頑張っているのにあまり効果が出ないという人は、もっと衣食住の部分で自分自身を大事に扱う習慣を取り入れてみていただきたいです。私は最も早く開運効果を感じられましたよ♡

ルームウェアにこだわってみる

最近はリモートワークも定着し、在宅の時間が増えていますね。あなたはどんなルームウェアで過ごしていますか？

在宅でなくても、帰宅後から就寝するまで、あるいは起きてから出かける支度をするまで、ルームウェアを着ている時間は意外と長いものです。

そのルームウェアが着心地が良くて、幸せな気分になれるものだったらいいなと思いませんか？

家にいるときくらいラクで動きやすいものを着たいという人や、安くてカワイイのが一番！と思っている人もいるでしょう。

しかし、あえて体をきれいに見せてくれるラインやうっとりするような肌触りにこだわってウェアを選んでみてほしいのです。

私も以前はゆったりとしたTシャツや、体のラインが気にならないワンピースをルームウェアにしていました。

けれど、先日ひとめぼれして買った私のルームウェアは、ロングドレスで体をきれいに見せてくれるデザインでした。

お値段が3万円ほどしたので、かなり悩みましたが、思い切って買ってみたんです。するとそれを着ている日々がすごく楽しく心地よくなり、そんな自分っていいな♡と、毎日思うようになったんですね。体への意識も高まりました。

気分が上がれば、波動も高まります。**たとえルームウェアでも、それを着ている自分に「イイね！」がたくさんあげられるものを選んでくださいね。**

「開運するぞ♡」と思ってお掃除してみよう

一人暮らしをしていたころ、私はお掃除がすごく苦手でした。

部屋はいつも足の踏み場がないくらいに散らかっていたのですが、今はものを減らしてかなりスッキリと暮らしています。

きれい好きに変わったのは、結婚してから。家族や愛猫《あいびょう》たちに、心地よく暮らしてほしいと思うようになったからです。

サロンのメンバーさんにも、「お掃除が苦手です」と言う人たちが多いです。

仕事が忙しいとお部屋があれてしまうことってよくありますよね。だからお掃除が嫌いな自分を責める必要はないと思います。

ただ、部屋が片付いているほうが気持ちいいというのは事実。

どうせお掃除をするのなら、部屋を片付けないと人を呼べないとか、片づけられない私ってダメだなどのネガティブなモチベーションではなくて、**金運アップを狙ってトイレをピカピカに磨いてみるなど、「これから運気が良くなるぞ♡」と思いながら楽しくお掃除してほしいです。**

ちなみに私も、「運が良くなるぞ」と思いながら、トイレや玄関を拭き掃除しています。拭き掃除には、運気を変えるパワーがあるそう。

お掃除が終わった後は、その場所がきれいになるだけでなく、気分も良くなっているから不思議です。習慣的に拭き掃除をすることで波動を整え、運が良い状態を保っていけると良いですよね♡

ずっと「お得感」が続くものを選ぶ

ルームウェアに続いて、お洋服の話をもう少し。

今はプチプラでもかわいいものがたくさん見つかりますよね。ワンシーズンで着倒して処分し、次のシーズンはまた新しいものを買って……と繰り返している人もいるのではないでしょうか。

私も一人暮らしの頃は生活費がカツカツだったため、安くてかわいいものを必死で探していました。

でも、ちょっと高くても質の良いものを身にまとったときに、プチプラを着ているときとは幸福感が圧倒的に違うことに気がつきました。

安いからと買った服は、一瞬は「お得な買い物ができた！」と思いますが、すぐにほつれたり毛玉ができたりしてしまいます。買ったときの嬉しい気持ちが持続しないんですよね。

どうせなら、買った後もずっとお得な気持ちでいられるものを選ぼう。

そう思うと、それなりのお値段のものを数少なく持つことになります。

実際私が持っている洋服はそんなに多くなく、中には3年以上も着ているものもあります。

最近は、持ち物全てがお気に入りになりました。お気に入りに囲まれていることが当たり前になり、心地いい状態が定着しています。

お食事でも一時の空腹を手軽に満たすだけのものより、健康や美容に良い食材を選ぶといいですよ！　そして「これを食べると元気になる」「お肌がきれいになる」と思いながら食べてみてください。

身に着けるもの、食べるもの、空間を整えること、つまり衣食住全てにおいて、自分を大事にしているという実感が高まるほど、自分は大切な存在なのだと思えるようになります。

すると、自分にとって必要のないものを持たなくなります。

人間関係においても誰かと無理をして繋がろうとしなくなるので、ご縁が良い方向に変わっていきますよ。

白いところを白くすると、恋愛力が上がる

スキンケアやヘアメイクにこだわる女性は多いですが、意外と第一印象を左右するのは別のポイントだったりします。

それは**「白いところがちゃんと白い」**こと。

例えば白目が充血していなくて白いとか、笑ったときの口元から見える歯が白いといったことが、圧倒的な清潔感に繋がり、相手を惹きつけるんですね。

私は、眼科と歯科にはマメに行くようにしています。

原稿やブログを書いたり、動画を編集する時間が長いと、どうしても目が充血しやすかったり、乾きやすいのです。だから、眼科ではドライアイに効く目薬を処方してもらっています。

歯科では定期的に歯のクリーニングやホワイトニングをしています。

白いところを白くしておくと一気に垢《あか》抜けて、女性としての気持ちが高まりますし、特に婚活や恋愛運アップに効果があると実感しています。ぜひ試してみてくださいね。

髪は運気のいい人に切ってもらう

私の友人に運やお金、才能などに恵まれている素敵な女性が何人かいます。

彼女たちが口を揃えて言うのは、「誰に髪を切ってもらうかが大事」ということです。

運気のいい人に切ってもらうと仕事運が良くなるのだとか。

そういえば、売れている芸能人や出世している人の髪を切っている人は、意外と同じスタイリストさんだという話を聞いたことがあります。

私も出版を目指していた頃、「売れっ子を切っている人に髪を切ってもらいなさい」とアドバイスをもらい、とある有名ヘアスタイリストさんに切ってもらいました。

当時の私としてはかなり勇気のいる金額でしたが、そこは投資だと割り切って試してみました。

実際に切ってもらったら、髪がツヤツヤになるし、時間がたってもずっとスタイルがキープできるし、本当に素晴らしかったです。

前向きな気持ちになって「出版するんだ」という覚悟も決まり、無事に本を出せました。

あなたも一度、どうせ髪を切るなら好きな芸能人や憧れのモデルさんを切っているスタイリストさんにお任せしてみてください。売れっ子の運を分けてもらえますよ！

日常的にちょっとした贈り物をすると、運気が上がる

運が良くてきれいな人って、見返りを求めず与える人が多いなと思います。

例えば、ある友人は、「最近撮影が多くてお洋服に困っている」と話したら、「うちに着ていない服があるから、良かったら見においでよ！」と言ってくれました。

こんなふうに**気軽にいろいろ与えられる人って、すごく運気もいいし、きれいな女性が多い**なという印象です。

私がよくプレゼントするのは、スターバックスのプリペイドカードです。

クリスマスやバレンタイン、ハロウィンなど、季節ごとに新しいデザインのものがあるんですよ。3千円くらい入金して「はい！」って気軽に渡します。

外で仕事をする機会が多い人は、打ち合わせで使ってもらえるかなとか、産後すぐのママの息抜きにしてもらえるかなとか。使ってくれるシーンを想像するのも楽しいんです。

スタバ以外のカフェチェーンでもプリペイドカードを出しているので、相手が使いやすいところを選んで贈ってみるのも良いですよね。

「お得貯金」で使った運を貯め直す

運気には一定のリズムがあって、上がったり下がったりを繰り返しています。これを「バイオリズム」といい、第4章で詳しく説明しますね。

バイオリズムが下降局面にあるときでも、自分次第で運を良くすることは可能です。

その方法が**「お得貯金」**です。

お得貯金とは、簡単に言うと「一日一善」のこと。

例えば、道に落ちているゴミを拾う、デパートなど公共のトイレを使用した際に洗面台のまわりの水を拭《ふ》くといった、小さな行為です。

「清掃の人がやるだろう」という考えではなく、次の人が使用するときに気持ちよく使えることを想定して、自ら率先して行動に移すのです。

特に、電車で席を譲ることや困っている人がいたら声をかけるなど「他人の目を気にしていては、なかなかできないであろう善い行い」をすることが大切です。

「見返りを求めない善意」は、心に余裕がないとできません。自分の悩みに没頭していては気づくことさえできないのです。


お得貯金では、難しいことをしたり、無理をしたりする必要はありません。

あなたができることをやってください。

ちなみに私が日頃お世話になっているヨガの先生は、ゴミをポイ捨てした人を見て「自分の手で自らの運を落としている。もったいないなぁ」と思い、そのゴミを拾いながら「ありがたく運を拾わせていただいたな」と思っているそうです。

やっぱり感謝の気持ちは開運の要《かなめ》！

「運を良くしたいなら感謝をしなさい」。

これ、いろいろな開運本で言われていますよね。引き寄せ的に見ても、理にかなっていると私は思っています。

感情には22段階あり、その中で最も願いが叶いやすいのが愛と感謝の感情であると言われています。

だから、**日頃から感謝の気持ちを持つことは開運のベースとしても大事**なんですね。

しかし、あまりにも身近な関係、例えば夫婦や家族の場合、感謝の気持ちを忘れがちだったりしませんか？

相手が「いて当たり前」という存在になってしまうと、感謝しなくなったり、感謝を感じたとしてもちゃんと伝えなかったりします。忙しさゆえに流されていったり、ということも多々あります。

だから感謝を忘れたときに、人生の流れが悪くなるんですよね。

不都合なことは、感謝の気持ちを忘れていることに気づくために起こるのかな、なんて思います。

感謝の気持ちを取り戻す「2冊のノート」

ではここで、心から感謝できるためのノートを書いてみましょう。

うまくいかない状況にあるときほど、藁《わら》にもすがる気持ちで開運したくなりますが、そういうときこそ感謝や愛を忘れています。

ノートを書いて自分の感情をデトックスし、感謝ができる状態に戻してあげましょう。

このノートは、**「特に人間関係の悩みやモヤモヤに効く！」**と評判です。

ノートは2種類あります。

1冊目は、**「感情を感じ切るノート」**です。

いきなり心からの感謝をするのが難しいという人は、先に感情の整理が必要です。

「こんな出来事があってツラかった」とか、「こんなことを言われて悲しかった」など、ネガティブな出来事に正直に向き合い、自分の持っている感情を感じ切ってください。

感情を感じ切るノート

- 大失恋をした経験が忘れられなくて、恋をするのが怖い。
  → でも、心から愛する人と支え合いながら生きていきたい。
- 見た目のコンプレックスから、自分に自信が持てない。
  → だけど、ありのままの自分を愛し、愛されたいと思っている！
- 育児と仕事、どちらも中途半端になっている自分が悔しい。
  → 大切なものがたくさんある自分に感謝しながらも、時間と心に余裕を持てるライフスタイルにしていきたい♡

目を背けたくなるような感情や弱音も、ときには素直に吐き出すことが大切です。誰かに話すことが難しいことも、文字にして書き出してみることで「“私が”理解してくれた」という安心感が生まれます。素直な感情を書いた後に、その気持ちを持ちながらも自分がどうなりたいと思っているのかを書き出してみましょう。今、目の前にないものにばかり目を向け過ぎている自分に気づけるはずです。

開運って、実は何かをプラスするよりも、いらないものを手放すほうが近道です。

ですので、感謝をプラスする前に、感情のデトックスをしていただきたいのです。

そして、2冊目が**「人生の振り返り感謝ノート」**です。

このノートの特徴は、これまでの人生を振り返りながら感謝を書くことです。

最近あった出来事に対する感謝を書くと、例えばパートナーに対する感謝なら、「○○してくれてありがとう」などと、意外と感謝の度合いが深まりません。

それに対して、出会ってから今日まで一緒に歩んできた道のりを振り返る感じで感謝をしていくと、相手がいかにかけがえのない存在だったのか、大切なことを思いだせます。

私が最初にこのノートを書いた相手は、母でした。

母への感謝を書いたときには、高校時代によく体調を崩していた私を、そのたびに車で学校まで迎えに来てくれたことを思い出しました。

人生の振り返り感謝ノート

- 私が人生の大きな転機を迎えて不安だった頃、米本さんが優しい言葉をかけてくれた。それでも一緒にお仕事がしたいと言ってもらえて、心から嬉しかった♡♡
- 働き方改革をしよう！と決めたときに、愛情をかけてくれてお仕事ができる仲間と出会えた。初めて依頼をした時に、楽しく「謝礼なしでもサポートしたい気もち」と言ってもらえて本当に感動した✧✧ 相思相愛のお仕事に感謝♡”
- たかみさんに何度も何度もHAPPYな言葉をもらった。笑顔にしてもらった☺ こんな女性になりたいな♡と思える幸せ♡♡
- よしみ先生がどんなときも味方してくれた!! 夫婦で私の息子を可愛がってくれて、チャイルドシートまで買ってくれた♡（涙）幸せ!!

最近あったことだけでなく、自分の中で印象的な過去の出来事を振り返りながら感謝の気持ちや喜びを書き出してみましょう。もらった言葉や具体的にしてもらったことの内容まで書き出してみると、じんわり温かい気持ちに包まれます。

その当時はそのありがたさに、今ほど気づけていなかったように思います。

母はシングルマザーで私と弟を育ててくれたため、毎日仕事もしていました。そう考えると、職場の方々のサポートもあったのだと思います。感謝の気持ちを実際に書き出してみると、その奥にあるまた別の感謝にも気づけるのです。

ほかにも、幼い息子に対して、たとえまだ言葉で話し合えなくても、いつも元気で笑顔を見せてくれるだけですごく癒されていることに心から感謝しています。

過去のことまで振り返りながら書いてみると、改めて身近な人たちへの感謝の気持ちが溢れてきます。今がどんなに幸せな状況にある人も、自分ひとりだけの力で生きてきた人はいないんですよね。

感謝って相手に伝えるのも大事ですが、自分の心にいつも持ち続けることがもっと大事なんですよね。2冊のノートで相手への感謝を自分の胸に刻みましょう。

ノートを書いてくださった人たちのコメントをご紹介します。

●過去に出会った人や出来事を振り返り、当たり前と思っていたことが実は私を変えてくれるきっかけになったのだと気づきました。

●最初のうちは、感謝することを必死に見つけている感じが出てしまっていたけれど、だんだんスラスラと書けるようになり、心臓がキュッと締めつけられていたのが、ほっと緩んで温かい気持ちになりました。

●ありがとうと言っていたけど、どこか当たり前と思っていた自分がいたことに気づかせてもらいました。

●今の自分になりたいと思えた原点を見つけることができ、心が軽くなりました。

心からの感謝をとり戻したとき、あなたの運は再起動できていますよ。

気分を上げる「マイ・ルーティン・ノート」

よく「モチベーションの維持」に関する質問をいただきます。

仕事や婚活、勉強やダイエットなど、いろいろな面において、なかなか自分のモチベーションが維持できませんというご相談なんですね。

開運は自ら行動する先にあるもの。だからモチベーションを切らさずにいきたいですよね。

私は、**自分がいい気分になるために定期的に取り入れるルーティンを決めておくと、自分の気持ちが高まってモチベーションを維持しやすい**と思っています。

そこで、何をやっていると自分の気分が上がってモチベーションが維持できるかを一覧にしたノートを作ってみました。

短いスパンのもの、つまり現実的なものから書いていくのがコツです。

私の場合は、ひとつ目に毎日のこととしてストレッチか宅トレをやると書いていま

気分を上げる マイ・ルーティン・ノート

毎日♡ストレッチで疲れをとる!!
（できる日は宅トレで体を引き締める♡）

3日に1回♡フェイシャルマスクで保湿をする!!

2週に1度♡自分の体と心のメンテナンスDayをつくる!!

年に1度♡Hawaiiで自然に触れてリフレッシュしたい☺

何をやっていると自分の気分が上がってモチベーションが維持できるかを一覧にしたノートを作ってみましょう。毎日のこと、3日に1回のこと、2週間に1回のこと、1年に1回のことごとに楽しみな予定を書きましょう。自分ひとりのリフレッシュ時間や友人との約束、恋人とのデートなど、どんな内容でも構いません。

す。

２つ目が、３日に１回やることです。フェイシャルマスクで保湿をすると書いています。

３つ目が、２週間に１回やることです。友だちのサロンに自分のメンテナンスに行くことにしたので、それを書きました。一度行ってみたらすごく元気になったので、さっそくルーティンに取り入れてみました。

４つ目は、年に１回ハワイに行けたらいいなと願望を書きました。

さらにその全部の項目に対して、それがなぜ自分に良いのか、その理由も書いてみましょう。

例えば、ストレッチや宅トレは体を動かしてストレス発散になるし、２週間に１回のメンテナンスは、そのサロンでメンテナンスできるだけでなく、美容情報も豊富にインプットできるので、きれいになるモチベーションがアップします。

１年に１度ハワイに行くと、自然の中でひらめきが下りてきたり、癒しと浄化の作用でエネルギーがチャージされます。

気分を上げるルーティンは、あなたの心に素直に、自由に書いてくださいね。

サロンのメンバーさんは、「3ヶ月に1度ヘッドスパに行く」、「月に1度ホテルのラウンジでお茶をする」とか、パン作りやお花が好きな人は「月に1度パンの教室に行く」、「フラワーレッスンに行く」などと書いてくれました。

モチベーションが落ちてきたなと思ったら、このノートを見直してワクワク気分を取り戻してくださいね。

Chapter 3

愛がお金を生み、お金が愛を生む

節約するほど、お金が貯まらない理由

第3章は「金運」についてです。

お金のことは私も苦労しましたから（笑）、お伝えしたいことがたくさんあります！

金運を上げるポイントは2つ。**お金に対する価値観を変えることと人間関係を整えること**です。人間関係については第1章で詳しく説明しましたから、ここではおもにお金の価値観を変えることをやっていきます。

さて、あなたはお金を貯めようとして頑張って節約しているのに、なかなかお金が貯まらなくて困っていませんか？

以前の私もそうでした。

シングルマザーの家庭に育ち、節約することが当たり前。子どもの頃から「貯金がないと結婚ができないから、結婚するまでに最低300万円は貯めなさいね」と母からは口々に言われていました。

要するに、「うちにはお金がない」ということを植え付けられていたんですね。

一人暮らしを始めて、貯金をしようとすればするほどなぜか使ってしまい、そんな自分にすごく嫌気がさしていました。税金や公共料金を払うたびに「ああ、またお金がなくなっていく……」とドキドキしていたものです。

頑張っても全然貯まらないから、ついにあるとき「貯金なんかなくても結婚してやる！」と開き直りました。

すると、突然どんどんお金が貯まり出したのです！

結局、**私は自分にお金がないということや、お金がないと結婚できないということを信じていたから、それが現実になっていた**んですね。

そして「お金がない」、「お金を貯めなければ」という不安から解放されたとたんに、サクサクお金が貯まっていったというわけです。

「お金がない」「お金を引き寄せられない」と言う人をよく見てみると、けっこう買い物もしているし、旅行もしています。

つまり、お金がなくなったことばかりを嘆いて、自分には収入があることや、それだけ使えていることには目を向けていないんです。

これでは「お金がない」という呪いの連鎖から抜けることができません。

金運は「お金がある」という自分への信頼がベースになります。

まずは「お金がない」と信じている自分を疑い、「お金はある」という意識に変えていきましょう！

「お金が大好き♡」と言ってみよう

「お金がない」と言っている人は、心の中では「お金がほしい」と思っていますし、お金が大好きなんです。

でも、ダイレクトに「お金がほしい」と言うのは恥ずかしいし、「お金が好き」ということを公言するのはもっと気が引けるんですよね。だから代わりに「お金がない」と言っているんです。

お金が好きであることに罪悪感を持たないでください。

私もお金がなかったときは、「お金が好き」なんて、なんだかがめつくていやらしい言葉だと思っていました。

しかし、お金持ちの人ほど「お金が好き」という言葉を好意的にとらえていますよ。

恋愛で考えると分かりやすいかもしれません。

彼からの愛情に不安があるときは「私は愛されていないなあ」と思ってしまいますよね。

でも、「彼は私のことをすごく愛している」と信じていると、「愛されていない」なんて考えなくなります。

「お金がない」というのは、付き合っている彼に「愛されていない」と言っているのと同じことなんです。たとえ一瞬頭をよぎったとしても、そんなことは絶対口にしちゃいけないと思うんですよね。

「愛がない」のではなくて、「彼のことが大好き♡」と思えばいい。つまり**「お金がない」のではなくて「お金が大好き♡」と認めてしまえばいい**のです。

お金持ちの人は、お金が好きだと認めることでお金と両想いになっていますよ。

効果絶大！ お金と両想いになる3点セット

ここからは、お金と両想いになるための3点セットをご紹介します。

どれも簡単にできますので、今日からさっそくやってみてください。

①お財布に10万円入れておく

次のお給料日まで10万円を温存することや、逆に使い切ることが目的ではありません。**「自分にはこんなにお金がある」という感覚を養うためのトレーニング**です。

日頃「お金がない」と思っている人は、少額を口座から引き出してお財布に入れ、使い切ったらまた引き出して……ということを繰り返しているはずです。これは「お財布からすぐにお金がなくなってしまう」という経験を積んでいる状態。

そこで10万円というまとまった金額をお財布に入れ、「使ってもまだある」という体験をしてみましょう。お給料が入ったら、銀行口座から10万円を引き出してお財布に入れてください。10万円が難しいなら、自分なりにかなり思い切った額であれば大丈夫です！　「お金がない」という口グセが取れたら、そこで終了してOKです。

現在は、スマホ決済が主流になってきつつあります。でも、あえて現金から練習してほしいと思います。私がお金の練習をしていたときは、カードも持たないようにしていました。**現金という現物を見て触るほうが、お金への概念を変えやすい**と思います。

②月に3千円から貯金を始める

お給料が入る口座とは別に、貯金口座を作り、毎月3千円貯金しましょう。

これは**貯める楽しさを覚えることが目的**です。千円でも1万円でもよいですが、まずは少額から定期的に増えていく実感を積んでいきましょう。

お金が増えていくのが楽しい！　と思えるようになったら、頑張らなくても貯金できるようになります。

私も会社員時代に実践していました。「お金が好き」という考え方に変わってからは、どんどん貯まりはじめたので、毎月のお給料から決まった額を別の貯金用口座に移すときは、もう楽しくて楽しくて、最高の気分でした。

「貯金が趣味」だと言えるくらい、楽しみながら貯めてほしいです。

③ちょっと勇気のいるお買い物をする

私の友人のお金の価値観が変わったのが2千円の靴下を買ったときだったそうです。それまでは、3足千円の靴下が当たり前だと思っていたけど、あるとき、洋服を買いにいったらショップの人に1足2千円の靴下をすすめられたそう。その靴下を見たときに、すごく質が良くてオシャレだから、悩んだ末に買ってみたそうです。その履き心地もデザインも気に入り、以降、そのブランドで靴下を買い替えているとのこと。

この経験がきっかけとなって、友人はお金に対する概念が変わり、タクシーやグリーン車で移動するのが当たり前なほど、仕事も飛躍的に伸びていきました。

こんなふうに、**思い切った金額のものを選んで自分に与えてあげると、「お金がな**

い」から「お金がある」という感覚に変えることができます。

お金の価値観を知るためのノート

お金と両想いになる3点セットをやっていただくと、かなりお金に対する思い込みが外れていきます。

さらにあと一押しするために、あなたのお金に対する価値観を知りましょう。

具体的には、**「それにいくらまでなら払えるか」を書き出す**のです。

例えば、あなたは靴下に払えるお金はいくらまでですか？

あるいは、一泊のホテル代、一回のランチやディナーには？

シャンプーやトリートメントはどうでしょう？

同じ品物でも人によって払える金額が全然違うので、友だちと一緒に書いて比べてみると楽しいですよ！

例えば、一冊の本に払える金額として、お世話になっている編集者さんは1万円くらいまでなら余裕で自腹を切ると言っていました。海外のインテリアの写真集などはそれくらいのお値段なのだそうです。

私は気に入ったスワロフスキーのボールペンには5千円くらい払います。

あなたはどうですか？


さて、これでだいたいあなたのお金の価値観が分かりました。

次に、**書き出したものの中からどれかひとつ、価値観よりも多く支払うというチャレンジをしてみてください。**

例えば、ランチに3千円と書いたとしたら、5千円のランチに行ってみるという感じです。

こうやっていくつかトライしていくと、お金の価値観が変わり、自分にお金をかけられるようになります。

すると、もっとお金と仲良くなれて、入ってくる金額も変わってくるし、使える額も変わってきます。

お金の価値観を知るためのノート

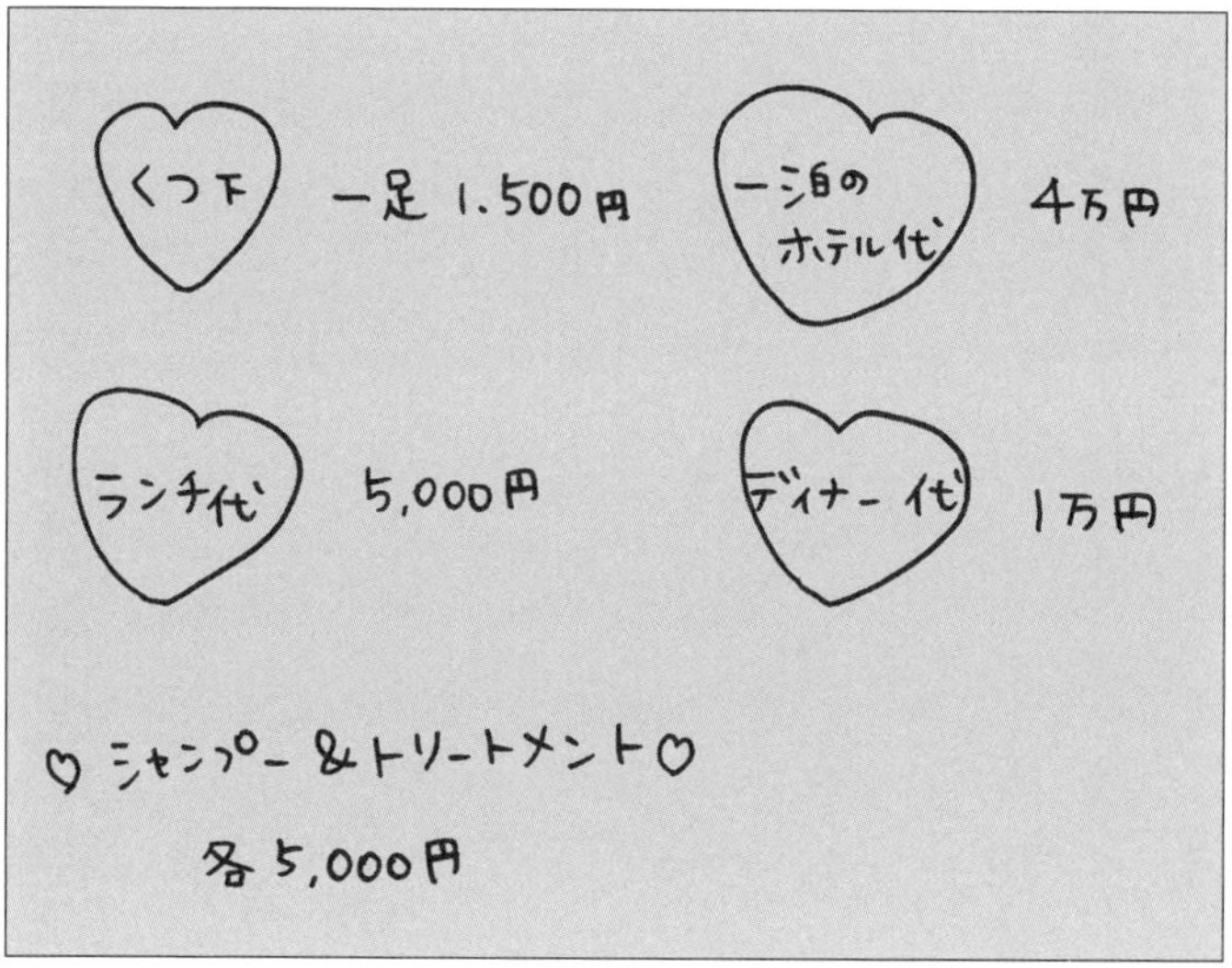

項目ごとに、最大でどれくらいの金額を支払えるかを書き出してみましょう。例文以外にも、自分がよく購入するものなどを対象にノートに書き出してみてください。

お金持ちになれるお財布の選び方・使い方

お財布は大事なお金のお家です。

送り出したお金がまた帰ってきたくなるような、お財布の選び方や使い方をご存じですか？　ここでは、私が実践して効果があったポイントをお伝えしますね！

①買い替えるタイミングを守る

お財布の寿命はだいたい1000日、約3年間といわれています。ただ、私のように自分で仕事をしている自営業の人は、運気を入れ換える意味で、1年に1回、年始や立春などのタイミングで新しいお財布に買い換える人が多いそうです。

なお、お財布にいろいろなものを入れやすい人は、大きめのゆったりとしたお財布を持っていることが多いですが、そんな人は、**買い替えるときにコンパクトなものを選んでみてください。**すると必然的に最小限のカード類しか持てなくなります。

私がプロデュースしているお財布も、とても薄いスマートウォレットです。お財布を小さくすることによって、自然と整理ができることを狙っているんですよ。

②色は白がおすすめ

私が今まで使ってみた実感として、**お財布の色は「白」がおすすめです！**

白には「これまでの古いエネルギーをリセットして、新しいスタートを切る」という意味があるそうです。

風水やホロスコープに関する本を出されている先生から、「白のお財布はお金が増えるんだよ」と聞いて、私も3年前から白いお財布を使っています。

白いお財布に変えたとたん、有名なアパレルブランドさんから突然お声がけをいただき、お財布やバッグをプロデュースするお仕事をいただきました。そのときももちろん、まずは白いお財布を作りましたよ！

さらに、本のお仕事が続々と決まったり、テレビで取り上げていただいたりと、思ってもみなかった幸運が相次いでいます。

③常に整理整頓

お財布の中にレシートやカードがゴチャゴチャ入っているのはNGです。定期的に整理してお金がまた返ってきたい状態にしてあげると、お友だちを連れて返ってきてくれると思っています。

お札の向きもなるべく揃えて入れましょう。

お札を逆さにして入れておくと、あまりお金が出ていかないという話も聞きますが、私はお金は循環してくれたほうがまた入ってくると思っているので、頭を上にした状態で入れています。

④お財布を信じて使う

「お金を引き寄せる」とはつまり、「素敵な体験を引き寄せる」ことです。

何かを買うという行為は、お洋服でもバッグでもコスメでも、それらを使って素敵な体験をするということなんですよね。

だから、**私は「このお財布は私に素敵な体験をもたらしてくれる」と信じて使っています。**すると、何にお金を払うのかを吟味《ぎんみ》するようになって無駄遣いが減りますし、いざお金を出すときには気持ちよく払えるようになりました。

お財布は大切なお金の大事なお家《うち》なのですから、最後まで大事に使ってくださいね。

お金持ちは「なんとなく買い」をしない

「仲の良い５人の年収を５で割ると、自分の年収になる」と言われています。

私の実感として、これは意外と当たっているように思います。

お金に困っていたとき、仲が良かった友だちといつも「お金がないね」「貯金できないね」と話していましたし、ランチの値段の感覚なども一緒でした。

引き寄せを学びはじめた頃、ある男性と知り合いました。

彼の推定年収は１億円以上。奥様ともとても仲が良く、「私も結婚したらこういう夫婦になりたいな」と思いました。

その人といるだけで、自分は開運している、どんどん良くなっていくという感覚があり、いろいろと話を聞かせてもらうようになりました。

今にしてみれば、そのときにお金持ちの考え方をインストールしてもらっていたのだと思います。

その彼のお買い物に同行したとき、一番驚いたのが全く無駄遣いをしないことでした。例えば、ボールペン一本買うのに真剣に悩んでいるんです。

お金持ちは気になるものをどんどん買っているんだろうと思いきや、そうではないんですね。そして必要のないものにはいっさい目もくれない。

一方、当時の私は、「安いから」とか、「これ使うかも」といった曖昧《あいまい》な選択でものを買うことが多かったことに気づきました。

彼曰《いわ》く「意味のないものだったら千円でも惜しい、でも人生が変わるなら3万円なんて安いよ」ということでした。

そうか！　これからは「人生を変える」という観点でお買い物をしてみよう！

食事は自分の体や心のために。

洋服は着ているだけで胸が高鳴るものを。

メイクは自分の新しい魅力を探すために、選ぶようにしてみました。

すると「安いから」という理由で買い物をすることはいっさいなくなりましたし、「高いから」を理由に、心ときめくものをあきらめることもなくなっていきました。

ステキだからほしい。きれいなものだから身につけたい。楽しいから行きたい。

今すぐには手の届かないようなものであっても、楽しい理由の貯金ならその過程さえ楽しめます。

妥協したものをたくさん持つよりも、心底惚《ほ》れたものを少し持ちたい。長く持ちたい。そう思うようになりました。

時間も同じです。「タイムイズマネー」と言うように、意味のない時間なら1分だって惜しい。大切な人との時間なら、忙しくても頑張って確保したい。

自分をご機嫌にするための選択や心を豊かにする生き方は、今、目の前の選択から始まっています。その選択の先に、金銭的な豊かさがあるのです。

いただいたお金で自分を成長させていく方法

最近は副業ＯＫの会社も増えていますよね。

あなたは副業をやるときの料金設定に悩んでいませんか？

私も、最初にお料理のレッスンを始めるときに悩みに悩みました。

例のお金持ちの人には「１万５千円でやりなさい」と言われましたが、同じ協会の人たちの相場は、新人だと３千円でした。しかしその金額では赤字か、良くて材料費をぎりぎり賄《まかな》えるくらいです。

決められずにいたら、友人から「愛香ちゃんは、お金をもらうことを悪いことだと思っているでしょう」と言われてドキッとしました。確かにそうだったからです。

結局私は相場の倍、6千円に設定しました。みんなより高い価格設定で人が来てくれるのかなとか、価格に見合ったものが提供できるかなという不安はありました。

でも、その分しっかり準備をしてお客さんに満足してもらい、いただいたお金は勉強に充てて、自分をどんどんレベルアップしていこうと思ったのです。

結果、私は急速に成長していき、講座の予約も毎回5分で埋まるようになりました。

多分、3千円でやっていたら、私はそこまで貪欲《どんよく》に学ばなかったでしょう。

「自信がないうちは安くしておこう」という考え方も分かります。

しかし、ある程度の金額をいただくことで本気のお客さんを集めることができます。

お料理のレッスンで無料体験キャンペーンをやってみたことがありました。すると冷やかし半分の人たちが入ってきて、それまで継続してくれていた受講生さんたちの雰囲気が一時的にギクシャクしてしまったんですね。

お金を払う側も、お金を受け取る側も真剣になれる。

そんな金額を、あなたも設定してくださいね。

気持ちよく払うと、気持ちよく受け取れる

その後、本格的に起業し、セミナーを行ったり、本を出版したり、サロンを主宰したりするようになって分かったのは、**気持ちよくお金を支払えるようになると、気持ちよく受け取れるようになる**ということです。

払うのを躊躇《ちゅうちょ》しているときは、同時にお客様にお金をいただくことも躊躇してしまいます。

ほしいものにお金を惜しむべきではないと気づいたきっかけが、グローブ・トロッターのキャリーバッグを手に入れたときでした。

色が大好きなピンクベージュで、横長の形がアンティークっぽくて、中の生地も花柄で（?）かわいいんです！

全てが私好みで一目惚れでした。お値段は16万円くらい。

キャリーバッグにこれだけのお金をかけていいのかなと思ったし、買うのが怖かっ

た。

でも自分への投資だと思って、実験的に買うことにしたんです。

その当時、私はセミナーで全国を回っていました。セミナーに向かうときから、私の仕事は始まっています。

お気に入りのキャリーバッグと一緒に移動しながら自分の気持ちを高めて、その自分のままで講師として受講生さんたちの前に出たいと思いました。

すると、いただくお仕事の内容がより規模の大きなものになりましたし、セミナー会場のランクもどんどん上がっていきました。

不思議なことに、**自分にお金をかけてあげると、お金をかけてもらえる人になる**んですよね。

グローブ・トロッターのキャリーバッグを買う前は、あまり高額なものを買ったことがなかったので、ものの価値がよく分かっていませんでした。

だから値段の高いものを買えなかったし、お金を受けとることも苦手だったのだと思います。

でも、高額であるということは、それだけ何かこだわりが込められているのだと分かり、私もちょっと高額な講座をやるときは、お金に見合う、もしくはそれ以上のパワーをかければいいのだと思うようになりました。

払えるお金と受け取れるお金って、釣り合っているんですね。

「投資」と「浪費」を見極める

私がお金を使うかどうかの基準にしているのが、**「高いがやめる理由ならやりなさい、安いがやる理由ならやめなさい」**という言葉です。まさにそのとおり！と思っています。

「高い」ということだけがやらない理由だったら、それはやりたいことだからやったほうがいい。「安い」ということだけが理由だったら、だいたい必要のないものに使ってしまうので、やめたほうがいい。

この考え方を持つようになって、お金を使うときに迷わなくなりました。

ただし、借金をしたり身を削ったりしてまで、高いお金を払おうとするのは問題だと思います。

今まで「お金がない」という呪いに縛られていた人ほど、それが自分への投資なのか浪費なのかが分からなかったりするんですよね。

やはり、**長い目で見たときに自分がその先もいい気分でいられるかどうかが、投資の見極めのポイント**だと思います。

その場限りのいい気分にお金を払うのは、浪費なんですよ。

例えば、資格を取るときも、「とりあえず」ではなく、何か具体的な目的や使い道を決めてから受講してほしいです。

私がお料理の資格を取ったときは、健康的な食事をしてきれいになりたいという動機がありました。さらに、これを学んだら好きな人ができたときや将来結婚したときに、彼に体に優しい健康的なものを出してあげられる♡と思ったんです。

資格を取った後は、たくさんの人に健康的なお料理を伝えてあげたい。「みんなが自分の大事な人に体に良い食事を作ってあげられるといいな」と思うようになって、どんどん夢が広がっていきました。

これもしたい、あれもしたい。

でも全部やろうとすると、お金も大変だし、時間もない。

そんなときは、それが投資か無駄遣いなのかを一度じっくり考えてみてください。

絶対に豊かさを得られるお金の使い方

産後は家族との時間を作るために、「働き方改革」を何度も繰り返してきました。

子育て中は、思った以上に自分の時間がないからです。

最近は新たに、信頼できる会社さんへ事務回りやイベントのサポートをお願いするようになりました。

今、私がおもにお金を使うのは、大切な人との「時間」を確保するためです。

海外に移住した友人は以前こんな話を聞かせてくれました。

「私の住んでいる国では、どの家庭にも必ず食洗機がついているよ。それはね、家族の時間をなるべく多く確保するためなんだよ」と。

一日って、いつの間にか過ぎていきます。大切な人との時間って意外と短い。頑張って作らなければ、本当に短い。

だから、**時間をお金で買う価値はある。**そう思うようになりました。

反対に、大切な人との時間以外に多くの時間を割いていないかな？ と考えるようにもなりました。以前は罪悪感で断れなかった飲み会も、なんとなく寂しくて外出していた時間も、全部見直そう！ と決めたんです。

また、昔はタクシーで移動することや新幹線のグリーン車を使うこと、ホテルのラウンジでお茶をすることなど、どれもとても贅沢なことだと思い込んでいました。

でも、タクシーやグリーン車に乗ると、目的地まで気分よく過ごすことができます。ホテルのラウンジはスタッフのサービスが行き届いていて、落ち着いてお茶が飲めますし、丁寧に扱われることに慣れていくと、自分を大事にする感覚も育ちます。

時間と空間にお金を使うようになって、私が得たこと。

それは、**幸せでいるためにお金を使うんだなという感覚**です。

多分、この本を読んだだけではあまり実感を伴わないと思います。

試しに一度、ホテルのラウンジでお茶をしてみてはいかがでしょうか。

一杯千円以上するお茶を飲みながら、お金の価値を知っていく経験って大事です。

私も最初はドキドキでしたよ！　そこにいる人たちは全員、お召し物もきれいだし、落ち着いていて、私なんかがここにいていいのかな？という感覚がありました。

でも何度もトライしていくうちに、少しずつ自分の服装が変わり、意識も変わって、そこにいる自分に慣れてきたとき、お金の感覚も変わっていたんです。

ですので、お金持ちの人たちが何にお金を使っているのか、できる範囲で体験するのもとても効果的だと思います。

お金は「愛の結果」である

ビジネスで大きく成功した人の本を読んだりお話を聞いたりすると、多くが「目の前の人を喜ばせたかった」、「ユーザーに良いものを提供したかった」と言っています。すごく愛情を持って仕事をしているんですよね。

だから、**自分が楽しいことや誰かの役に立てるかもしれないと思うことは、収入にならなくても、絶対やってみたほうがいい**と思っています。

私の母はもともとワンちゃんが大好きで、自分の愛犬に革の首輪やリードを作ってあげていました。それをきっかけに革製品をネットで販売するようになり、今ではかなり売れるようになったそうです。

私も自由な生活がしたいとか、会社勤めが嫌だからという理由で、今の仕事に就いたわけではありません。

自分が試してみて心身の改善にすごく良かった体に良いお料理を、広めたいと思ったことが起業のきっかけ。当時から自分を整えるためのコツをブログでコツコツ書いていて、気づけば出版化していただけるほど多くの人に読んでもらうことができました。

時々、今の環境が嫌で、抜け出すために起業したいという人から相談を受けることがあります。

しかし、それで起業してうまくいった人を私は知りません。どんな仕事でも、一生懸命やって評価されて昇格したという話は聞くけれども、お金や自由だけを追いかけている人が評価されるということは聞いたことがありません。

成功している人には、「これが好き」とか「こういうことで誰かの役に立ちたい」というが思いが絶対にあるんです。

つまり、**愛があって初めてお金になる**のです。やっぱりお金って、愛や思いの結果なんですね。

ですから、生活を変えたいから起業したいとか、好きなことをやって楽しそうだから起業したいというご相談を受けたら、「お金にならなくても、やりたいことはなんですか？」と聞くようにしています。

感謝を込めて、お金を送り出す

「お金がいつでもここにある」という意識を持てたら、お金を送り出すことに抵抗がなくなります。

例えば、税金やガス代、電気代、家賃に対して、あなたは「高いなあ」と思いながら払っていませんか？　以前の私はそうでした。

しかし、税金や公共料金は、私たちが快適に生活できるように、社会のインフラを整えるために使われるお金です。家賃だって、安心して生きていくためのスペースを確保するために必要なお金ですよね。

そういうふうに考えると、お家の管理をしてくれている人がいるとか、まわりを掃

MONEY
MONEY
MONEY
Thank you…

除してくれているというように、受け取っているものに目を向けられるようになりました。

ガスや電気も、当たり前にあるわけではありません。台風が来て停電になったりして、いざ使えなくなったときにありがたみに気づくのですが、最初から分かっていたら、お金を払うときに「ありがとう」という感謝の気持ちを乗せることができますよね。

あなたもお金を払うたびに心の中で「ありがとう」とつぶやいてください。

あまり深刻にならず、ゲーム感覚で楽しんでやるのが続けるコツです。

気持ちよくお金を出すと今度はお金が友だちを連れてあなたのもとに返ってきてくれます。つまり、お金の循環が良くなると、より大きなお金が入ってくるのです。

逆にサービスにタダ乗りしようとしたり、必要なお金を出し惜しみしたり、お金を独り占めしようとしていると、お金の循環が悪くなり、お金が入ってこなくなるんです。

お金は愛と感謝のエネルギーでできているといわれています。

お金も愛も、自分がもらおうとするよりも先に、自分から送り出そうと考えていたほうが、たくさん入ってくるものです。

Chapter 4

バイオリズムを知り、人生を快適に乗りこなすコツ

バイオリズムに沿って動けば、自動的に運が良くなる

私たちの運気には**「バイオリズム」**という自然の流れがあります。

運気が上がるだけの人はいないし、下がるだけの人もいません。

上がっては下がり、下がっては上がるという、運気のバイオリズムを知ってうまく乗っていくことが大事なのです。

第4章では人生のバイオリズムの読み方について詳しく解説していきます。

私も運気のバイオリズムを意識するようになってから、飛躍的に結果を出せるようになったり、ダメージを最小限に抑えられるようになりました。


バイオリズムについての代表的な誤解は、「上がっていくときだけが良くて、下がっていくときが悪い」というものです。

下がれば上がるし、上がれば下がる。それが自然の摂理であり、上がっていくときと下がっていくとき、それぞれに意味もやるべきこともあるのです。

今、調子がいいところにいるからこういうことをしたらいいなとか、反対に今はちょっと停滞しているから変に動かないほうがいいなとか。バイオリズムの流れに沿った行動をしていくだけで、勝手に運が開けていきます。

あなたの今の運気を把握しよう

バイオリズムの周期は、個人差がありますが、私の感覚だと上向きと下向きのひと波が約3ヶ月くらいです。意外と上下しているなと思いましたか？

バイオリズムの特徴と、やること、控えることをまとめましたので、まずはこちらを押さえてくださいね。

【バイオリズムが上がっているとき】

●特徴……やたらと人が集まってくる、タイミングが合う

アンケートで呼び止められたり、道を聞かれるなど、知らない人に声をかけられる

ことが増えます。自分がたまたま入ったお店が混みはじめる、やたらとチラシを配られるほか、空いているバスや電車に乗っても自分のまわりに人が座ったりするなど、人が集まってくるのは全てバイオリズムが上がる前触れです。

また、青信号が続く、ちょうど電車やエレベーターが来て乗れる、スケジュールのタイミングがぴったり合うなど、すごくスムーズなことが続きます。

●やるべきこと……行動すること

バイオリズムが上がっていくサインを感じたら、行動が成果に結びつきやすいときです。自分の願いに対して即行動を起こしてください。資格の勉強をはじめるのにベストなタイミング。仕事も頑張りどきですから、力を尽くしましょう。新しい企画もどんどんひらめきます。

●控えること……考え過ぎること

考え過ぎて行動にブレーキをかけてしまうともったいないです。これについては後述しますね。

【バイオリズムが下がっているとき】

●特徴……感じの悪い人との関わりが増える、タイミングが合わない、体調を崩す、グチが出る

態度の悪い店員さんにあたる、列に並んでいたら割り込まれるなど、プライベートだったら付き合わないだろうと感じるような、ちょっと感じが悪い人と偶然接点ができてしまうことが増えます。

赤信号が続く、ギリギリで電車を逃す、買いたかったものが目の前でほかの人に買われてしまうなど、タイミングもなぜか合いません。

風邪をひきやすいとか、ちょっとしたケガをしやすいのもこの時期の特徴です。

また、なんだか最近グチばかり言っているなぁと思ったら、バイオリズムが下がっている局面にあります。

●やるべきこと……しっかり休む

バイオリズムが下がっていくときは、おやすみの時期。スマホで言うと充電にあたります。無理をしていたんだな、ガマンしていたんだな、頑張り過ぎていたんだなと

気づき、自分をねぎらい、いたわってください。仕事では目の前のことを淡々とこなせたら十分です。

●控えること……必死に頑張る

うまくいかないことに自暴自棄になったり、焦って必死に頑張ったりしても結果が出ません。ここでしっかり休んで、バイオリズムが上がっていくタイミングを待ちましょう。

必読！ バイオリズムに沿った開運行動

バイオリズムの基本を踏まえたうえで、ここからが本番！ より詳細な開運行動について説明していきます。

例えば、バイオリズムが下向きの波になっているときでも、まだ下がっていくのか、ちょうど底にいるのか、底を打って上がっていくのかで、やるべきことが違うんです。

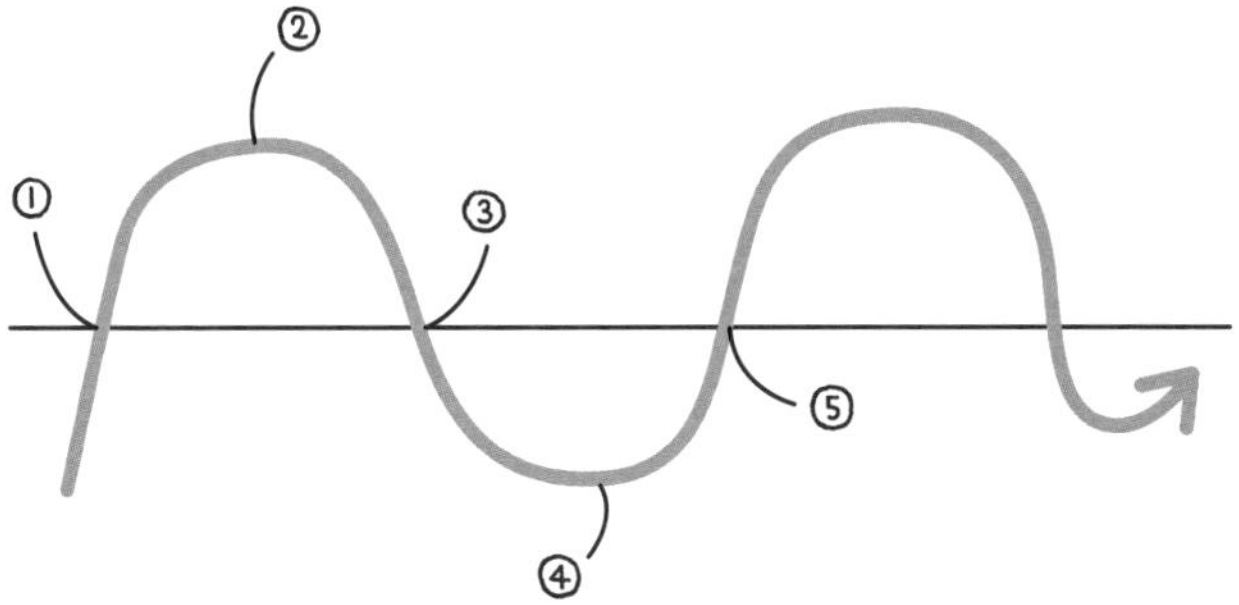

① バイオリズムがアップしていく時期は「方向性を固める」

バイオリズムが上がっているサインを感じはじめたら、ピークを迎える前にこれから向かうべき方向や実現したいことをしっかり練り直しましょう。

何か資格を目指す場合なら、資格を取った後に何をしたいのか、ゴールを決めてください。

プロセスが想像できないものや、実現させる具体的な方法が分からないものは、たくさんありますよね。でも、**深刻に考えずゴールだけ決めてしまって大丈夫**です。

「こうなる」ということを先に決めておく

と、すぐにヒントが出てこなくても、決め続ける中でゴールに向かう道筋が必ず見えてくるようになります。

②バイオリズムがピークの時期は「考え過ぎない」

ささいな喜びが続くときや、仕事やプライベートが絶好調のときは、バイオリズムがピークに差し掛かっています。乗りに乗っているタイミングなので、「考え過ぎない」ことが重要です。悩みや考え過ぎは、波動を重くして波に乗りにくくしてしまうんですよね。

「今は流れがいいな」と思うときは、流されてみるのがおすすめです。お誘いがあったときも、少々気が乗らなくても一度行ってみてください。

私のまわりで結婚に繋がる恋愛をした人たちが出会ったのは、知人が参加していた結婚式の3次会に急に呼ばれて参加したなど、普段だったら行かないところに行ったり、受けない誘いに乗ったりしたときでした。

私も、いつもなら断っていたようなイベントにたまたま参加した先で、大切な仕事に繋がる出会いがありました。

ほかにもやってみたいこと、行ってみたいところがあれば、今自分はすごく運気がいいなと思うなら、「それをやってどうなる？」などとあれこれ考え過ぎずに、まずはやってみることをおすすめします！

③バイオリズムが下がっていく時期は「断捨離」

今までうまくいっていたことがうまくいかない、スムーズに進まないときは、バイオリズムが下降している局面です。

この時期は、状況を打開すべく、何かやりたくなるものです。しかし多くの場合なかなか結果に結びつきません。

「何かやらなければ！」と焦ってしまう人は、まず身のまわりを整理することをおすすめします。不要なものを処分すると、空いたスペースに新しいものが入ってきますよ。洋服や本などだけでなく、ＳＮＳのフォローやフォロワーさんも含めた人間関係も整理すると、新しい出会いがやってきます。

いろいろなものを溜め込んでいると、自分の波動が重たくなってしまうんです。

こまめにちょこちょこ断捨離をして、波動を軽く保つことも開運には大事です。

バイオリズムが下がっていくときにこそ、自分と向き合って必要なものといらないものを確認していく時間を取ってくださいね。

④バイオリズムがどん底の時期は「しっかり寝る」と「スマホ断ち」

何をやろうとしてもモチベーションが上がらない。疲れが溜まっている。そんなどん底のときにやるべきことは**「睡眠」**です。

私もこの時期は早く寝るようにしています。うまくいっていない日に、いろいろ考えごとをしてもポジティブなことを思いつかないし、いい原稿も書けません。だからたとえ締切が迫っていたとしても、早く休んでしっかり睡眠を取り、心身の回復に努めます。すると翌日には元気になって、さくさくと仕事が進んだりします。

恋愛面でもそうですよね。

悶々《もんもん》といろんなことを考えてしまうときは、早く寝ちゃったほうがいい。翌朝起きてみたら、意外と「昨日はなんであんなに悩んでいたんだろう?」なんて思うことも多いのではないでしょうか。

あとは、ポジティブな言葉を意識的に口にしたり、一緒にいて元気になれる人に会って引っ張り上げてもらったりという方法も有効です。

また、ぜひやっていただきたいのが**「スマホ断ち」**です。

私はバイオリズムが下がっているときにいろいろな情報を入れないほうがいいと思っています。情報も持ち過ぎると波動が重くなるからです。

スマホを見ているとどんどん情報が入ってきますから、たまにはスマホ断ちをして情報をシャットアウトしましょう。

スマホ断ちをした後は、悩んで決められずにいたことに対してフッと解決策がひらめいたり、思いもよらないところからお仕事のお声がかかったりします。

「睡眠」と「スマホ断ち」については後述しますね。

⑤バイオリズムが回復していく時期は「手放し」

少しずつラクになってきたなと実感できたら、運気が上がるタイミングに入ります。この時期は違和感が浮き彫りになりやすいので、**モヤモヤした違和感があれば思い切って手放してしまいましょう！**

私の場合、働き方を大きく変えてみました。今まで全部ひとりでやっていたことを、まずは秘書さんをつけて事務まわりをお願いしたら、その秘書さんの会社がイベントを手がけていることを知り、イベントもその会社にお任せすることに。自分の負担が軽くなっただけでなく、新しい人たちから新しいアイデアをいただいて楽しいイベントを開催できるようになりましたよ。

今まで慣れ親しんだことを手放すのって、怖いですよね。今まで目指していたものをあきらめるのも怖いです。

でも私は、運気がリセットされたタイミングで手放したことで、いいことがたくさん入ってきました。

「無意識のサポート」をうまく使う

バイオリズムが底にあるときに「睡眠」と「スマホ断ち」をおすすめしたのは、共通した理由があります。

それは、「無意識」のサポートをうまく使えるようにするためなんです。

ここからは、少し引き寄せ的な解説になります。

私たちの意識には「意識」と「無意識」の2種類があることはご存じですよね。

普段「意識」できているのはたったの5％で、残りの95％の領域は「無意識」です。

5％の「意識」で願いを叶えようと頑張るより、95％の「無意識」のサポートを利用して願いを叶えるのが引き寄せの法則のカギです。

起きている最中はどうしても「意識」が優勢になりがちですし、スマホからの情報を浴びていると、やっぱり「意識」にスイッチが入りっぱなしになってしまいます。

無意識のサポートは、ある意味、究極の他力。「睡眠」と「スマホ断ち」で強制的に「無意識」にシフトさせましょう。

5%の意識
95%の無意識

不安になったらこの言葉をつぶやこう！

バイオリズムが下がっているとき、「もうダメかも」なんて心配や不安が膨らんできますよね。

すると波動が下がってしまい、バイオリズムがうまく上がっていかなくなることもあります。

そこで、**不安な心に効く言葉を４つ**紹介しましょう。どの言葉も、口に出してもいいですし、心の中でつぶやいたり、手帳にメモして読み返したりしてもＯＫです。

私も不安になったときは、これらの前向きな言葉を自分に語り掛けていました。

自己暗示の効果によって「取り越し苦労をしていたな」とか、「考え過ぎていたな」と気がつけて、フッと肩の力が抜けます。そこから状況が良くなっていくこともしばしばありましたよ。

①大丈夫！

シンプルだけど強力な言葉です！　仕事でちょっとミスをしちゃったとき、大事な打ち合わせに間に合わないときなど、ピンチなときに効果的です。

実はこれ、私のまわりの運がいい人たちの口グセなんですよ。その人たちを見ていると、「大丈夫、大丈夫、大丈夫」と言いながらピンチをチャンスに変えたり、いろんなことをクリアしていったりしています。

大丈夫じゃないときほど自分に「大丈夫！」と言ってあげて、大丈夫な状況を引き寄せましょう。

②私は勝手にうまくいく

頑張り過ぎてツラいときに。

「勝手に」というのがポイントで、「今はプロセスが分からなくても、自分はちゃんとゴールできる！」という、ある種の明るい開き直りです。

初めて地上波のテレビのオファーがあったとき、私がよくつぶやいていた言葉です。

セミナーの受講生さんが実践してくれたところ、行き詰まっていた人間関係が落ち着いてきたとの報告もありました。

③私はどんどんパワーアップしている

自信をなくしたときに使いましょう。

本当に落ち込んでいるときって、「私は運がいい」、「私はツイている」と断言しても信じられないんですよね。

一方、現在進行形で「どんどん良くなっている」とか、「パワーアップしている」だったら、「これからもっと良くなる」、「伸びしろがある」と思えて抵抗がなくなり受け入れやすくなるはず。

また**「私は」と主語をつける**ことで当事者意識が生まれて、自分の力で自分の未来を作る気持ちもわいてきます。

④ できる「かもしれない」

あなたは、「かもしれない」の前に「無理」とか「できない」という言葉をつけていませんか？

この会社で働いている限り昇給はないかもしれない、彼は結婚してくれないかもしれない、好きなことを仕事にするなんて難しいかもしれない……。

引き寄せは、願いそのものが叶うのではなく、あなたの信じていることが現実化されます。だから、まずは自分が「無理」とか「できない」を信じているなと気づいたときは、ネガティブな「かもしれない」を、ポジティブな「かもしれない」に修正しましょう！

この「かもしれない」という言葉は、ポジティブな言葉を言い切るのが怖い人や、疑いが出やすい人でも使える言葉なんです。どうせするならポジティブな予測にしましょう♡

実は初めて本を出したときに、初版が６千部と言われていました。でも、私はなんとなく８千部がいいなと思い、勝手に「８千部かもしれない」とノートに書いておいたんです。

後日、担当の編集者さんから「8千部に決まりました！」とメールが来たときには本当に驚きました。

出版の部数ですら変わるのですから、人の気持ちなんてもっと変わります。

昨日「結婚したくない」と言った彼は、もしかしたら明日には結婚願望が出てくるかもしれません。明日が無理でも半年後にはあるかもしれない。

「かもしれない」という言葉は、上手にポジティブな期待をさせてくれるんです。

「かもしれない」は願いに未来への余白を持たせてくれる素敵な言葉。

恋愛でも仕事でも、「できるかもしれない」とポジティブな期待をして、実際に物事を好転させた人たちがたくさんいます。

常に良い方向に導かれていると信じる

この章の最後に、人生の流れを読む大事なポイントについて、書きたいと思います。

最近友人とも電話で話していたのですが、基本的にバイオリズムの流れって私たちの味方なんです。

だから、流れを良くするというよりも、**「常に良い方向に導かれている」と信じて、流れに背《そむ》かないことが大切**です。

あのときの決断は本当に正しかったのかな？　と後悔したとしても、

「私がそうしたかったんだから大丈夫！」

と認めてあげるだけで、後々必ず良かったのだと気づけます。

「全てはうまくいっている！」

「全てのタイミングはベスト！」。

これらの言葉は、無理にそう思おうと頑張るものではなくて、そう自分で決めておくことでどんどん良い流れを引き寄せられる、大切な心持ちなんですよね。

出会いや別れ、ツラくて苦しいことも、悔しいこともあるかもしれません。

それでも、何かが壊れるときには必ず意味があります。そして、その後はより良いものが必ず生まれるのです。

バイオリズムを信じて、流れに乗ってみましょう。

私はもう、他人軸で生きていた昔のように「先が分からないから不安」という気持ちはなくなりました。

人生にはバイオリズムがあるから、流れの良いときは思い切り、流れに身を任せていればいい。

流れがイマイチなときは、ちゃんと自分の心に寄り添って会話を重ねてあげる。

その全てに意味があると思っています。

Chapter 5

それでも、
なかなか運が良く
ならないという人へ

ワクワクしない願いも、実は叶う

最終章は、開運についての総仕上げです。

開運したいときに、つまずきやすいポイントを解説します。また、なかなか運が良くなる実感の持てない人に向けたスペシャルノートもご用意しました。

第1章でお伝えしたとおり、**開運のベースは「自分を大切にすること」**です。

自分を大切にすると、自分を大切にしてくれる人たちが集まってきていい情報をもたらしてくれるし、いい気分が続くのでいいものが引き寄せられるのです。

開運って、すごくシンプルなメカニズムなんですよね。

ただ、この「いい気分」というのが曲者《くせもの》なんです。私も当初はいい気分というものがよく理解できませんでした。

たいていの人は「いい気分でいてください」とお伝えすると、ワクワクしなきゃいけないと考えます。

でも、本当は違うんです。ホッとするとか、癒されるとか、小さなことを気にしない、考え過ぎないというのが、「いい気分」なんです。

それが分かってから、私はどんどん引き寄せが叶うようになっていきましたよ。

ワクワクしなくても大丈夫です。まずはいい気分のハードルを下げてくださいね。

「ワクワクしないと願いが叶わないのですか?」というご質問も多いです。

ワクワクしなくてもちゃんと叶いますよ。

実は、不安とワクワクの波動の周波数って、ほとんど一緒だといわれています。

だから、ワクワクしているときには、裏に不安が隠れているんです。何が起こるか分からないからワクワクするんですよね。このようにワクワクと不安は同時に感じることが多い感情です。

やっぱり自分にとって大事な願いほど、不安はつきものですよね。

だから、**不安でいいんだよと、まずは不安をうまく受け入れてあげて、「じゃあここからどうなっていきたい?」と切り替えてあげるのが、とっても大事**だと思います。

ただし、「願いが叶ったら幸せになれる」と思っている人は不安が出やすいので、「今幸せな気持ちで生活していく延長線上に、願いが叶う」ということを、改めてお伝えしておきます。

「何かが手に入れば幸せ」って思っていない？

何かが手に入れば幸せになるって思っている人が多いのですが、実は逆で、**今、幸せだから幸せなことが起こる**んです。

そして、私たちが本当にほしいのは、願いそのものではなく、願いを叶えたときに得られる感情なのではないでしょうか。

その「得たい感情」は、私にとっては安心感や、自分のことを好きだと思える気持ちだったので、まずは自分で自分にそれらを与える工夫を始めました。

気乗りしない誘いを断ることや、自分のお部屋に飾るためにお花を選ぶこと、ポジティブな言葉を口にすることなど……。

私がホッとすることや、私が私を好きになれる行動を日常にたくさんとり入れたのです。すると、人生がみるみる好転しはじめました。


願いが叶うこと＝幸せ。

願いが叶わないこと＝不幸せ。

このように決めつけなければ、あなたから発する幸せの波動はどんどん拡大します。すると、その拡大した波動の中に必要な出来事は必ず入ってきます。

今に幸せを感じられる心があれば、必ず未来にも幸せな出来事がたくさん待っているんですよ。

月に2回は「強制休暇」を取ろう

運気がお休みモードにあるときは、私たちも充電が必要です。第4章でも書きましたよね。

でも、休むことに罪悪感を持っている人が意外と多いです。

男性、女性を問わず、仕事を頑張っている人や責任感が強い人、真面目な人ほど休みません。本当はそういう人にこそ休んでいただきたいのです。しっかり休んだら、運気も回復していきます。


それでも「休めない」という人におすすめしたいのが、**月に2回の休暇を前もってスケジュールに入れること**です。

私は以前、育児と仕事を完璧に両立させようとしてパンクしかかったことがあります。疲労がとれないし、物事がスムーズに進まなくなってしまいました。

「これはいけない！」と、あえて休暇のスケジュールを先に入れるようにしてみました。それまでは仕事の合間に遊びに行ったり休んだりしていたのですが、思い切って休暇の予定を先に入れ、その間に仕事をすることにしたのです。

近い未来に楽しみの予定を作っておくことって、モチベーション維持にすごく効果があると分かりました！

あなたもさっそく月に2回の強制休暇をスケジュール化してみましょう。

友だちとのランチでもいいですし、近場で行けるところに一泊二日で旅行してもいいですね。

このとき、できれば一人時間か、友だち同士で予定を立てるのがコツです。

もちろん恋人や家族とでもいいのですが、息抜き感を意識して計画しましょう。

「私が楽しむこと」をスケジュールにするノート

もしかすると最初は、家族を置いて楽しむことに罪悪感を持つかもしれません。

でも、私のまわりの、運が良くて楽しく働いている女性たちを見ていると、自分が楽しむことに罪悪感がないんです。

ご自身で会社を経営している知り合いの女性も、

「里帰りは夫とするけれど、それ以外は、会社の仲間と旅行に行く」

と言っていました。しかも、お子さんに手がかからなくなってからは、3ヶ月に1

「私が楽しむこと」を
スケジュールにするノート

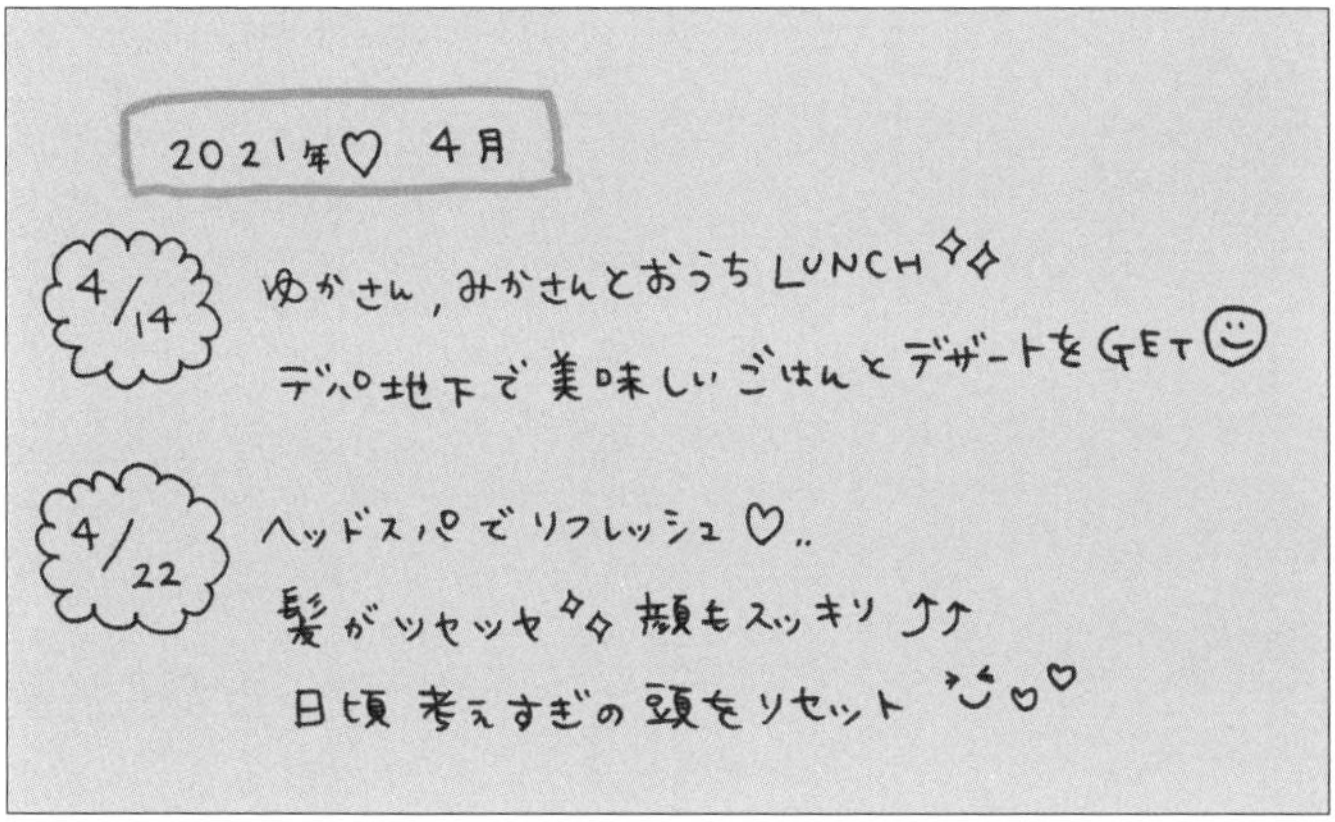

各月に２つずつ楽しみな予定を作りましょう。日々のモチベーションが高まる内容であればOK！　日付を横に書き添えることで、具体的にスケジュール化できますよ。女性同士、友だち同士で予定を立てるのがコツです。

回ぐらい旅行しているのだそうです。

それを聞いたときに、「そんなに出かけてご主人は気にしないんですか？」と聞いたところ、

「夫は家にいるのが好きなタイプ。お互いに価値観が違うので、それぞれが幸せな生き方をしていくと、家庭もうまくいくのよ」

と話してくれました。

いつでもどこでも家族全員一緒じゃないといけないという考えは、持たなくていいのです。

私のまわりの仲良し夫婦は、みんなひとりの時間も夫婦の時間もどちらも大切にしています。「自分だけの自由な時間もとるようにしているから、すごく円満なんだよ」

と話してくれました。

お互いにひとりの時間にＯＫが出せる関係って幸せだと思いませんか？

1回でうまくいくと思うなよ（笑）

「1回でうまくいくと思うなよ（笑）」

これは私の引き寄せのメンターさんに言われた言葉です。

そのメンターさんは、とても人気があって仕事も評価され、女性としても幸せな結婚をしているなど、私から見ると全てうまくいっていてうらやまし過ぎる存在でした。

そんな彼女が「実はたくさん失敗をしてきたんだよ」という話をしてくれました。

そのとき、「1回でうまくいくと思うなよ（笑）」という言葉をもらったんです。

その一言で私はすごく救われた気持ちになりました。

うまくいく人って、続けられる人なんですよね。飽きずに続けられる人がうまくいくのだと分かり、自分もきっと続けていけばうまくいく日がやって来る！　そう思いました。

私が主宰しているサロンで、3ヶ月の間に13人の人と出会うという「13人チャレンジ」を企画したことがあります。

しかし大半の人は期間中に13人に会えないものです。やろうと思っていても時間がないなどの事情でできなかった人たちが多くいました。その中で最後までちゃんとやり遂げた人たちから、その後、結婚報告が届きました。私の本の出版も、すごく時間がかかっています。お声をかけていただいてから実現するまでに1年半以上費やしました。

結婚もしたいと思ってから結婚するまで、3年ぐらいかかりましたしね。だけど願いはちゃんと叶いましたよ。壁にぶつかるたびに、私は「自分の本気度が試されている」と思うようにしてきました。

とんとん拍子に進んでいるように見える人って、その前に積み重ねているものの量が違うんです。

開運や引き寄せをやってみて、すぐになんでもうまくいくだろうという考えだと、すぐにつまずいてしまいます。

あなたが今、コツコツやっていることや、結果が出なくて悔しく思っていることは、未来にドドドッとやってくる嬉しいことたちの仕込みなんです。

「何回かやってもダメだった」と言う人に対しては、「もっともっといい形で叶うよ」といつもお伝えしています。

幸せな結婚を40代で叶えた友人と話していると、「ご褒美は後であればあるほど、楽しみでいいよ！」と、幸せそうに笑っていました。

うまくいかなくて焦っている人ほど、早く叶えたいし、早くほしがります。

一方、いろいろと叶えている人は「この先にご褒美があると思ったら、楽しみじゃない？」とどっしりかまえているんです。

一度や二度チャレンジしてダメだったらあきらめますか？

それはあなたの願いへの本気度を試されているのかもしれません。

本当に叶えたいことなら、そう簡単にあきらめないでほしいです。

「私はもっともっと受け取っていい」と思う

私が引き寄せを知るまで、ずっと自分は幸せじゃないと信じていたし、幸せになれる未来を上手に描けませんでした。だから、一生懸命幸せを追いかけていたんだと思います。

恋が上手くいったときも、お金を出してもらうことや、尽くしてもらうことにすごく罪悪感があって、なかなか受け取れない時期が続きました。

だけどあるとき、ふと思ったんです。

「私はもっと受け取っていいんだ」と。

自分が幸せじゃないとか、幸せになれないとかって、私自身が勝手に思い込んでいたこと。実はいろいろと差し出してもらっているものを、私が受け取ろうとしていなかっただけなのです。

遠慮して「大丈夫です」なんて言いながら、大切な人たちからのせっかくの好意を拒否していたんですよね。
今だから分かります。
過去の私がいつも焦っていたのは、「幸せな人になること」を目指していたから。
本当は、いつどんなときでも幸せってすぐそばにあったんです。
幸せな人って、そこにある幸せを受け取ることのできる人なんですよね。

「私なんて……」と思うのがクセになっている人は、もう少し欲張りになったほうがいいと思います。

あなたはもっと受け取らなければいけないのです。

年齢なんて関係なく、今からでも開運していける

今までうまくいかなかったから、どうせこれからもうまくいかないだろう……。
こんなふうに考えるのは、すごくもったいないことです。

過去がどうあれ、未来は今から作っていけるのです。

多くの人が過去の波動を持ったまま、その過去の波動で未来を作っていくという感覚でいるのですが、未来を作っていくのは今の波動です。

ですので、**過去と今を完全に切り離して考えることが大事**です。

「過去と今は繋がっているのに、分けることなんてできるの？」と思いましたか？

波動で考えれば、分けられます。あなたは今、この瞬間から新しい波動で生きていけるのです。

例えば、「もう25歳なのに、これまで彼ができたことがありません」という過去があったとしても、「私は恋愛がうまくいかない、彼ができない」という波動を持ち続けるのか、それとも「私の未来にはこれからとっておきのいい出会いがあるだろう」という波動をこの瞬間から出しはじめるのかで、やがて訪れる未来が全く違ってきます。

具体例として、また私の母に登場してもらいましょう。

母は50代で再婚し、60代で好きなことを仕事にして、最近かなりノリノリです。

以前の母は、娘の私が言うのもなんですが、すごく真面目で、生きづらそうな人でした。だって私と弟と父と母の４人分のお弁当を作り、６年間、１日もさぼったことがない人だったんですよ。何十年間も家族のために自分をすごく犠牲にして生きていました。

古い日本の女性にありがちなパターンだった母が、私とほぼ同時期に引き寄せを学んで、変わったんです。

「今からでも私、遅くないんじゃないかな！」

と言って、60歳になる頃に３つも資格取得のための勉強をはじめました。そのうちのひとつが革製品を作る資格で、それが今、母の仕事になっています。

多くの人が「年齢が……」とか「経験がないから……」と言ってやりたいことをあきらめてしまいます。

特に年齢が上がっていけばいくほど、これまで経験したことのないジャンルについては自信がなくなってしまいますよね。それなのに60歳でやりたかったことをやろうと思ったうちの母は、すごいなと思っているんです。

私が「インスタグラムをやったらいいよ」と話したら、62歳にして即日インスタグラムもはじめました。

いかがでしょうか。

20代や30代で「私にはもう出会いがないんじゃないか」とか、「転職なんてできそうもない」などとネガティブに考えるなんて、もったいないと思いませんか？　あなたはたくさんの可能性に溢れています。

基本、**年齢は関係なくて、気づいた今から流れに乗っていける**んですよ。

どちらを選ぶかで、未来に訪れるものが変わってくる。

私自身もそうでしたし、母を見ていると、それが真実なのだと自信を持って言うことができます。

あなたがノートを書いても引き寄せられなかった理由

私が長年引き寄せをやってきて、また、本やセミナーなどでたくさんの人にお伝えしてきて、ようやく最近分かったことがあります。

結婚したい、起業したい、きれいになりたい……。

そんなたくさんの願いたちには、実は「自分を好きになりたい」という気持ちが隠されているのではないでしょうか。

そうであるならば、**引き寄せノートに書く言葉も「心から自分が好き」と思えるものがベスト**なはずです。

例えばダイエットの願いの場合、あなたは、

「ダイエットをしてきれいになる」

「〇キロ痩《や》せる」

「メリハリボディになる」

などと書いていませんか？

でも、ここには、痩せないと自分はきれいじゃない、太っているとモテないなど、他人によく思われたいという「他人軸」が入りがちです。しかも「ダメな自分」が前提にあります。

実は私も、ダイエットでなかなか結果が出なかったとき、やっぱり他人軸で願っていたことに気づきました。

この願いを自分軸にしたらどうだろう。自分が自分のことを好きでいられるゴールってどんなものだろう。

そう考えたら、○キロ痩せるでもなく、メリハリボディになるでもなくて、女性らしいきれいな体型になることが、私にとって一番好きな私でいられる願いだと思ったのです。

モヤ
モヤ
モヤ
他人軸
自分軸
女性らしい
キレイな
体型に
なる

幸運を引き寄せる「愛香流・未来先取り行動ノート」

これまでオーダーノートの基本は自分がワクワクする言葉を選ぶこととお伝えしてきましたし、今でもそうお伝えしています。

波動がポジティブな人や自己肯定感がある程度育っている人は、これで引き寄せが叶うのですが、波動がネガティブな人や自己肯定感が低い人がやると疑いが生まれて逆効果になるとも言われています。

もしあなたが今までなかなか願いを引き寄せられずにいるなら、後者である可能性が高いです。

そんなあなたが書くべきなのは、**「ダメな自分」前提をやめて「私が私を好きになる」ためのオーダーノート。**

これできっと叶うはずです。

ノートの基本的なルールは3つ。

①♡のところに、「こうなった私が好き♡」と思う自分を書く。
②↓のところに、「こうなった自分」になるための小さなアクションを書く（5個以内）。ここに書いた行動は必ず実行すること。無理なく続けられるものを書きます。
③吹き出しのところにポジティブな理由や、自分を励ます言葉を書く。

では、ジャンル別に具体的に見ていきましょう。

【ダイエット】

私のベストな設定は「女性らしいキレイな体型になる」ことです。頑張り過ぎずに楽しく続けられるアクションを4つ書きました。

吹き出しの中には、なぜそうなりたいのかポジティブな理由を書いたり、変わっていく自分のカラダに励ましの言葉を書いたりしましょう。

【仕事】

ここには「好きな仕事に就く」、「評価される」、「活躍する」と書く人が多いようです。

しかし他人軸が入っていませんか？　自分軸で願いを考えてみましょう。

私にとっての一番の幸せは「好きな人たちと楽しく仕事をすること」です。好きな人たちと仕事をするとできることや、したくなることを2つ書きました。吹き出しの中にもポジティブな言葉を書きます。

育児と家事で忙しい専業主婦の場合、♡には「心にゆとりを持って毎日が過ごせる」、「自分ひとりの時間もしっかり取れる」などが良いかもしれません。

【結婚】

本当に出会えるのか、結婚できるのか、疑いの気持ちを持ったまま「幸せな結婚をする」と書いている人もいます。ちょっと視点を変えて、幸せな結婚をしてどうなりたいのかを考えてみましょう。

愛香流・未来先取り行動ノート

♡ 女性らしいキレイな体型になる ☺

→ ポジティブな言葉をかけながらストレッチ!!

→ Youtubeの脚トレをできるだけ毎日やる ♪♪

→ なるべく階段をつかう ♡"

→ 飲み物はハーブティーか無糖のもの ✧

もっと自分を好きになれる★

♡ 好きな人たちと楽しく仕事をする ☺

良い循環しか生まれない♪

→ これまで築いてきたことを大切に，新しいことにも挑戦する ♪♪

→ 読者さんが喜んでくれるか？をいつも最初に考える ♡"

♡ 幸せな結婚をして，安心感に満たされる ☺

→ たくさんの人と出会っていく!! 人としてスキな人，尊敬できる人を見つける期間をもつ。（まずは3ヶ月♡）

→ 彼と一緒の時間をとことん楽しむ!!
嬉しいこと ✿ 楽しいこと ♡ ステキなところを言葉で伝える ✧

次に結婚に至るアクションを考えます。上段はまだ相手がいない人向け、下段は今お付き合いしている彼がいる人向けです。吹き出しの中にもポジティブな言葉を書いてください。

【お金】

ここは年収の金額を書く人が多いです。

でも、その数字があまりにも現実とかけ離れている場合、本音では「自分はそんなに稼げない」と思っていることがほとんどです。お金に対して本質的な願いをじっくり考えてください。

私の場合は「お金のことを心配せずに自分の選択ができる」ことが幸せでした。幸せな自分になるためにできるアクションと、吹き出しの中にポジティブな言葉を書きましょう。

「他人軸」と「自分軸」の見極め方

さて、オーダーに他人軸が入っているかどうかは、どうやったら見極められるでしょうか。

ポイントは、**誰にもほめられなくても、祝われなくても、その自分であると嬉しいかどうか**です。

他人にスタイルがいいね！と言われたい、お金持ちだと思われたいなどは他人軸の入った願いです。

結婚も、よくよく見ると、他人から祝ってもらうことにすごく重きを置いている人もいます。これもまわりの目を気にしていますよね。

あくまでも問題はあなた自身が幸せかどうか、心地よいかどうかだけなのです。

あなたの幸せはまわりのみんなも願っている

あなたの幸せは、あなただけではなくて、あなたを大事に思ってくれている人たちみんなが願っています。

かつて自信がなくてネガティブだった頃、私自身が大切な友人にこう言われてすごく元気が出ました。

私がひとりで幸せになろうとしなくても大丈夫。私の親や仲のいい友人たちも私の幸せを願ってくれていると思うだけで、悩みに打ち負かされなくなりました。ちゃんと幸せな恋愛をしようとか、ちゃんと悩みを解決していこうという力になったのです。

「私は必ず幸せになる」

そう腹をくくったときから運が開けていくのです。

おわりに

最後まで読んでくださり、ありがとうございました。

引き寄せアドバイザーとして、私が多くの人たちと向き合う中で見つけた開運術の全てを、この本で余すところなくお伝えしました。

運って本当にあるものですし、運はいつからでも良くなっていく。

私の人生を振り返り、自信を持ってそう言えます。


5年前の私は、お金が底をつき、途方に暮れる日々を送っていました。

実はその直前までお料理とアロマのサロンを主宰し、レッスンをしていました。

起業して自分のサロンを持つことが私の夢だったので、数百万という大きなお金をかき集めて実現させたのです。

その一方で、ブログには恋愛や引き寄せのことを綴《つづ》っていました。お客さんから恋愛相談を受けることが増え、途中から個人セッションのメニューも作りました。

すると今度は恋愛に関する要望が増え、光栄なことに出版のお話までいただきました。

嬉しい半面、お料理とアロマのお客さんが目に見えて減ってくると、やっぱりお料理とアロマを続けていきたい、サロンを持つという夢も叶えたのに……と、だんだん迷いが出てきたのです。

その迷いがブログにも出てしまい、今日は恋愛、明日はお料理と、書く内容がブレブレになって、アクセス数を上げようとするほどどんどん下がっていってしまった時期がありました。

お料理とアロマか、それとも恋愛引き寄せか。私にはどうしても選べませんでした。

自分がやっていることが楽しくなくなり、もう全てやめてしまおうと思って、編集者さんにも「出版はあきらめます」という連絡を入れました。

レッスンをやめると、収入が途絶えて無一文になってしまいます。

そこで私は、空港のラウンジスタッフの採用面接を受けることにしました。寮もついているからとりあえず寝るところは確保できるな、なんて考えていたんです。

面接当日、羽田空港に出向くと、会場には「この会社で働きたい！」と願う女性たちがたくさん集まっていました。やりたいことがうまくいかなくなって逃げようとしている私と彼女たちとでは、熱量の差があまりにも歴然としていたんです。

ここは、私が来るところではなかったなと即座に感じ、面接を受ける前に担当者に辞退を申し入れ、そのまま空港の中にあるレストランに入りました。

窓の外を飛んでいく飛行機をぼんやりと眺めながら、「私が本当にしたいことってなんだろう」と考えました。

そしてやっと分かったのです。

お料理とアロマはお客さんのためにやりたかったことで、私自身は引き寄せの本を書きたかった。引き寄せを分かりやすく解いて、読んでくれた人たちに自分らしい人生を送ってほしかったんですよね。

ようやく本気の覚悟が決まり、サロンをたたむと資金がゼロになりました。

お料理とアロマのお客さんには、資格も発行していましたから、本当に申し訳なく思いました。しかしみなさんは、温かい励ましで私を送り出してくれました。

ブログの書き方が変わってアクセスが伸び、その３ヶ月後に出版が決まりました。

見た目や才能、家柄など、持って生まれたもので運は決まっているのかなと思いがちですが、そうではなく、自分の気持ち次第でどんどん開けていくと身をもって知りました。

そういえば、メンタリストＤａｉＧｏさんがダイエットについて「何か目標を設定して、それを達成しようとするから失敗するんです。一生続けると思ってやるといいですよ」と、ＷＥＢメディアに書いていました。

私は、開運もそうだと思うんです。

目標達成型で短期間頑張るのもいいですが、一生をかけてあなたの運を育てていく。
そんな感覚で運と付き合っていただきたいと思います。
願いを叶えることも大事。だけど、叶えるまでにコツコツと整えた自分は一生モノ。
そちらを大事にしていけば、自然と運が良くなり、願いが叶っていきますよ。

西原愛香

2021年4月

運もキレイも引き寄せる
パワフル開運術

2021年4月20日　第1版第1刷

著者　西原愛香

発行者　伊藤岳人

発行所　株式会社廣済堂出版

〒101-0052 東京都千代田区神田小川町2-3-13 M&Cビル7F
電話03-6703-0964(編集)03-6703-0962(販売)
Fax 03-6703-0963(販売)
振替00180-0-164137
https://www.kosaido-pub.co.jp

印刷・製本　株式会社廣済堂

編集協力　有留もと子

イラストレーション　石村紗貴子

ブックデザイン　原田恵都子（Harada＋Harada）

撮影　池田実加（LA BOUSSOLE,LLC）

衣装協力　ANDYOU DRESSING ROOM

本文DTP　株式会社明昌堂

ISBN978-4-331-52328-5 C0095